초급 중국어 강독

초급 중국어강독

원종민 지음

중국어 초보자들도 쉽게 배우고 익힐 수 있는 내용과 구성

HU:iNE

본 교재는 중국어 발음요령을 습득한 학습자가 초급수준의 독해능력을 배양하고 기초적인 문법학습이 가능하도록 다음과 같이 구성되었습니다.

1. 학습목표와 학습내용 매 과마다 학습목표와 학습내용을 제시함으로써 학습자가 공부해야 할 학습중점을 밝혀 주었습니다.

2. 본문읽기 학습목표에서 제시한 문법사항을 반영한 본문을 통해 초보적인 독해능력을 기르며 자연스럽게 초급 문법을 익힐 수 있도록 하였습니다.

3. 새로운 단어 매 과에서 학습하게 될 새로 나온 단어와 한어병음을 제공하여 단어학습에 도움이 되도록 하였습니다.

4. 구문설명 본문에 나오는 모든 문장에 대해 초보적인 문법 설명을 가했으며, 충분한 예문을 제공하여 학습효과를 배가시킬 수 있도록 하였습니다.

5. 깊게 공부하기 가장 기본적인 단어에서 출발하여 하나의 완전한 문장을 이루기까지 문형을 점점 확대하는 가운데 중국어의 어순을 정확히 익힐 수 있도록 하였습니다.

6. 넓게 공부하기 하나의 기본적인 문형을 제시하고 주요 단어를 교체하여 연습함으로써 다양한 회화적 표현을 익힐 수 있도록 하였습니다.

7. 간체자 쓰기연습 본문에서 학습한 간체자에 한어병음을 달아 획순에 따라 써 볼 수 있도록 하였습니다.

8. 연습문제 본문에서 학습한 내용을 확인하기 위해 한어병음, 문법, 작문, 간체자 등으로 이루어진 종합적인 연습문제를 구성하였습니다.

모쪼록 이 책이 초급수준의 중국어 학습자뿐만 아니라 독학으로 중국어를 배우고자 하는 일반 학습자의 기초 다지기용 교재로 많은 사랑을 받았으면 합니다. 부족함이 많음에도 이 책이 나올 수 있도록 도와주신 한국외국어대학교 지식출판원의 신선호 팀장님과 김민정 선생님께 감사드립니다.

2017년 2월

지은이 씀

목차

第1课 我是大学生

학습 목표

1. 동사 是의 문법기능이해
2. 동사 是의 부정 표현

학습 내용

1. 是字文의 형식익히기
2. 是字文의 문장확장연습
3. 是字文의 단어교체연습

본문읽기

我是大学生。
Wǒ shì dà xuéshēng.

我学习汉语。
Wǒ xuéxí Hànyǔ.

我有一个室友，他的名字叫安中植。
Wǒ yǒu yí ge shìyǒu, tā de míngzì jiào Ān zhōng zhí.

他是我的同学。
Tā shì wǒ de tóngxué.

我们是好朋友。
Wǒmen shì hǎo péngyou.

我们的汉语老师是女老师，她是北京人。
Wǒmen de Hànyǔ lǎoshī shì nǚ lǎoshī, tā shì Běijīngrén.

새로운 단어

大学生	dàxuéshēng	명 대학생
学习	xuéxí	명 학습 동 학습하다. 공부하다
汉语	Hànyǔ	명 중국어
室友	shìyǒu	명 룸메이트
名字	míngzi	명 이름
叫	jiào	동 (…라고)하다. 부르다
同学	tóngxué	명 학우. 학교 친구
朋友	péngyou	명 친구
老师	lǎoshī	명 선생님
女	nǚ	명 여자. 여성 형 여자의. 여성의
北京	Běijīng	지 베이징

구문설명

1 我是大学生。

Wǒ shì dà xuéshēng.

1) 동사 是는 어떤 사실에 대한 '판단'이나 '긍정'을 나타낸다.

他是中国人。 그는 중국인이다.
Tā shì Zhōngguórén.

我们都是韩国人。 우리들은 모두 한국인이다.
Wǒmen dōu shì Hánguórén.

她是美国人。 그녀는 미국인이다.
Tā shì Měiguórén.

2) 부정을 표현할 때는 동사 是 앞에 부정을 나타내는 不를 넣는다.

我们不是中国人, 是韩国人。 우리들은 중국인이 아니라 한국인이다.
Wǒmen bú shì Zhōngguórén, shì Hánguórén.

他们都不是日本人。 그들은 모두 일본인이 아니다.
Tāmen dōu bú shì Rìběnrén.

她们不都是美国人。 그 여자들 모두가 미국인은 아니다.
Tāmen bù dōu shì Měiguórén.

2 我学习汉语。

Wǒ xuéxí Hànyǔ.

学习는 중국어에서 다음과 같은 의미의 동사로 쓰인다.

1) 동 학습하다, 공부하다, 배우다

他每天学习日语。 그는 매일 일어를 배운다.
Tā měitiān xuéxí Rìyǔ.

我们都学习英语。 우리들은 모두 영어를 배운다.
Wǒmen dōu xuéxí Yīngyǔ.

2) 동 본받다, 모방하다

我们要学习别人的长处。 우리는 다른 사람의 장점을 본받아야 한다.
Wǒmen yào xuéxí biérén de chǎngchù.

你们要学习别人的为人。 너희들은 다른 사람의 됨됨이를 본받아야 한다.
Nǐmen yào xuéxí biérén de wéirén.

3 我有一个室友, 他的名字叫安中植。

Wǒ yǒu yí ge shìyǒu, tā de míngzi jiào Ān zhōng zhí.

1) '室友'는 '함께 방을 쓰는 사람', 즉 '룸메이트'를 말한다.

他是我朋友的室友。 그는 내 친구의 룸메이트다.
Tā shì wǒ péngyou de shìyǒu.

我的室友是中国人。 나의 룸메이트는 중국인이다.
Wǒ de shìyǒu shì Zhōngguórén.

2) 叫는 '이름이 …라고 불리다'는 의미의 동사이다.

A: 你叫什么名字? 네 이름이 뭐니?
Nǐ jiào shénme míngzi?

B: 我叫金美英。 나는 김미영이라고 해.
Wǒ jiào Jīn Měiyīng.

A: 这个叫什么? 이것은 무엇이라고 합니까?
Zhè ge jiào shénme?

B: 这个叫泡菜。 이것은 김치라고 합니다.
Zhè ge jiào pàocài.

4 他是我的同学。
Tā shì wǒ de tóngxué.

조사 '的'는 '…의', '…하는' 등의 의미를 나타내며, 명사를 수식하는데 쓰인다.

1) 명사(대명사) + 的 + 명사

下午的会 오후 회의
xiàwǔ de huì

明天的计划 내일의 계획
míngtiān de jìhuà

他的票 그의 표
tā de piào

你们的老师 너희들의 선생님
nǐmen de lǎoshī

2) 동사 + 的 + 명사

走的人 떠난 사람
zǒu de rén

吃的东西 먹는 것
chī de dōngxi

研究的问题 연구한 문제
yánjiū de wèntí

买的房子 산 집
mǎi de fángzi

3) 형용사 + 的 + 명사

新鲜的空气 신선한 공기
xīnxiān de kōngqì

快乐的圣诞节 즐거운 성탄절
kuàilè de Shèngdànjié

幸福的生活 행복한 생활
xìngfú de shēnghuó

好吃的菜 맛있는 요리
hǎochī de cài

5 我们是好朋友。

Wǒmen shì hǎo péngyou.

복수를 나타내는 们은 다음과 같이 사용된다.

단수	복수
我(나) wǒ	我们(우리) wǒmen
你(너) nǐ	你们(너희들, 당신들) nǐmen
他(그) tā	他们(그들) tāmen
她(그녀) tā	她们(그녀들) tāmen
它(그것) tā	它们(그것들) tāmen

6 我们的汉语老师是女老师，她是北京人。

Wǒ men de Hànyǔ lǎoshī shì nǚ lǎoshī, tā shì Běijīngrén.

중국어에서 성을 표시할 때는 명사 앞에 男 또는 女를 써서 표현한다.

남성	여성
男人 남자 nánrén	女人 여자 nǚrén
男孩子 남자 아이 nán háizi	女孩子 여자 아이 nǚ háizi
男老师 남자 선생님 nán lǎoshī	女老师 여자 선생님 nǚ lǎoshī
男同学 남자 학우 nán tóngxué	女同学 여자 학우 nǚ tóngxué

깊게 공부하기

1

学生 xuéshēng 학생

大学生 dà xuéshēng 대학생

是大学生 shì dà xuéshēng 대학생입니다

我是大学生。 Wǒ shì dà xuéshēng. 나는 대학생입니다.

2

同学 tóngxué 학우

我的同学 wǒ de tóngxué 나의 학우

是我的同学 shì wǒ de tóngxué 나의 학우입니다

她是我的同学。 Tā shì wǒ de tóngxué. 그녀는 나의 학우입니다.

3

朋友 péngyou	친구
好朋友 hǎo péngyou	좋은 친구
是好朋友 shì hǎo péngyou	좋은 친구입니다
我们是好朋友。 Wǒmen shì hǎo péngyou	우리는 좋은 친구입니다.

4

老师 lǎoshī	선생님
女老师 nǚ lǎoshī	여자 선생님
是女老师 shì nǚ lǎoshī	여자 선생님입니다
老师是女老师 lǎoshī shì nǚ lǎoshī	선생님은 여자 선생님입니다
汉语老师是女老师 Hànyǔ lǎoshī shì nǚ lǎoshī	중국어 선생님은 여자 선생님입니다
我们的汉语老师是女老师。 Wǒ men de Hànyǔ lǎoshī shì nǚ lǎoshī.	우리들의 중국어 선생님은 여자 선생님입니다.

넓게 공부하기

1 我学习________。

Wǒ xuéxí ________.

나는 ________을(를) 배웁니다.

英语(영어)
Yīngyǔ

德语(독일어)
Déyǔ

法语(불어)
Fǎyǔ

日语(일어)
Rìyǔ

2 她是________人。

Tā shì ________ rén.

그녀는 ________사람입니다.

上海(상하이)
Shànghǎi

天津(텐진)
Tiānjīn

广东(광둥)
Guǎngdōng

重庆(충칭)
Chóngqìng

간체자 쓰기연습

学 xué	学	学	学	学
习 xí	习	习	习	习
汉 hàn	汉	汉	汉	汉
语 yǔ	语	语	语	语
师 shī	师	师	师	师
国 guó	国	国	国	国

연습문제

1 다음 밑줄 친 중국어의 올바른 한어병음은?

> 我<u>学习</u>汉语。

① xuēxí

② xuéxí

③ xuěxí

④ xuèxí

2 다음 빈칸에 알맞은 단어를 고르시오.

> 我们的汉语老师___女老师。

① 都　② 是　③ 不　④ 们

3 다음 한국어를 중국어로 바르게 작문한 것은?

> 그들은 모두 중국인이 아닙니다.

① 他们不都是中国人。

② 他们都不是中国人。

③ 她们不都是中国人。

④ 她们都不是中国人。

4 다음 질문에 알맞은 대답은?

A: 你叫什么名字?
B: ____________________

① 这个叫泡菜。

② 我姓王。

③ 我叫安美英。

④ 他叫安重植。

5 다음 한자의 간체자가 아닌 것은?

① 學 → 学

② 習 → 习

③ 漢 → 汉

④ 師 → 帅

第2课 我家有五口人

학습 목표

1. 동사 有의 문법기능이해
2. 여러 가지 직업명칭
3. 가족을 소개하는 방법

학습 내용

1. 有자문의 형식익히기
2. 有자문의 문장확장연습
3. 有자문의 단어교체연습

본문읽기

我家有五口人：爸爸、妈妈、姐姐、妹妹和我。
Wǒ jiā yǒu wǔ kǒu rén : bàba, māma, jiějie, mèimei hé wǒ.

我没有哥哥，也没有弟弟。
Wǒ méi you gēge, yě méi you dìdi.

爸爸是大学教授，妈妈是家庭主妇。
Bàba shì dàxué jiàoshòu, māma shì jiātíng zhǔfù.

姐姐是公司职员。
Jiějie shì gōngsī zhíyuán.

妹妹上高中，她有很多好朋友。
Mèimei shàng gāozhōng, tā yǒu hěn duō hǎo péngyou.

我有一个很幸福的家庭。
Wǒ yǒu yí ge hěn xìngfú de jiātíng.

새로운 단어

家	jiā	명 집
口	kǒu	양 식구를 세는 단위
爸爸	bàba	명 아빠
妈妈	māma	명 엄마
姐姐	jiějie	명 누나. 언니
妹妹	mèimei	명 여동생
没有	méi you	없다(소유의 부정)
教授	jiàoshòu	명 교수
家庭主妇	jiātíng zhǔfù	명 가정주부
公司	gōngsī	명 회사
职员	zhíyuán	명 직원
上	shàng	동 1. 정해진 시간에 일이나 공부를 하다 2. 학교에 다니다
高中	gāozhōng	명 고등학교
幸福	xìngfú	형 행복하다
家庭	jiātíng	명 가정

구문설명

1 我家有五口人：爸爸、妈妈、姐姐、妹妹和我。
Wǒ jiā yǒu wǔ kǒu rén: bàba、māma、jiějie、mèimei hé wǒ.

1) 동사 有는 '지니다', '있다' 등의 의미를 나타낸다.

他有三个孩子。 그는 아이가 세 명 있다.
Tā yǒu sān ge háizi.

我妈妈有病。 우리 엄마는 병환이 있다.
Wǒ māma yǒu bìng.

你有没有词典？ 너는 사전이 있니?
Nǐ yǒu méi yǒu cídiǎn?

2) 口는 가족의 수를 물을 때 사용하는 양사이다. '个'를 쓸 때와 약간 의미상의 차이가 있다.

你家有几口人？ 너희 집에는 몇 식구가 있니?
Nǐ jiā yǒu jǐ kǒu rén?

他家有几口人？ 그 사람 집에는 식구가 몇 명 있니?
Tā jiā yǒu jǐ kǒu rén?

你家有几个人？ 너희 집에는 몇 명이 있니?
Nǐ jiā yǒu jǐ ge rén?

2 我没有哥哥，也没有弟弟。

Wǒ méi you gēge, yě méi you dìdi.

1) 有의 부정 형식은 '没有' 또는 '没'를 쓴다.

我没有词典。나는 사전이 없다.
Wǒ méi yǒu cídiǎn.

我没有女儿。나는 딸이 없다.
Wǒ méi yǒu nǚ'ér.

他没有法文书。그는 불어책이 없다.
Tā méi yǒu Fǎwén shū.

2) 부사 也는 '역시', '…도'의 의미를 나타낸다.

他会说汉语，也会说日语。그는 중국어도 할 줄 알고, 일어도 할 줄 안다.
Tā huì shuō Hànyǔ, yě huì shuō Rìyǔ.

他个子也很高。그는 키도 아주 크다.
Tā gèzi yě hěn gāo.

我们中间有中国人，也有韩国人。우리 중에는 중국인도 있고, 한국인도 있다.
Wǒmen zhōngjiān yǒu Zhōngguórén, yě yǒu Hánguórén.

❸ 爸爸是大学教授，妈妈是家庭主妇。

Bàba shì dàxué jiàoshòu, māma shì jiātíng zhǔfù.

'是…, 是…'는 '…는 …이고, …는 …이다'의 의미를 나타낸다.

这是我的礼物，那是他的礼物。 이것은 내 선물이고, 저것은 그의 선물이다.
Zhè shì wǒ de lǐwù, nà shì tā de lǐwù.

我是学生，他是教授。 나는 학생이고, 그는 교수이다.
Wǒ shì xuéshēng, tā shì jiāoshòu.

我是中国人，他是韩国人。 나는 중국인이고, 그는 한국인이다.
Wǒ shì Zhōngguórén, tā shì Hánguórén.

❹ 姐姐是公司职员。

Jiějie shì gōngsī zhíyuán.

公司职员와 같이 어떤 기관이나 단체 등에 속해 있는 경우에는 습관적으로 조사 的를 쓰지 않아도 된다.

她是银行职员。 그 여자는 은행 직원이다.
Tā shì yínháng zhíyuán.

我妈妈是国家公务员。 우리 엄마는 국가 공무원이다.
Wǒ māma shì guójiā gōngwùyuán.

他是小学教师。 그는 초등학교 선생님이다.
Tā shì xiǎoxué jiàoshī.

5 妹妹上高中，她有很多好朋友。

Mèimei shàng gāozhōng, tā yǒu hěn duō hǎo péngyou.

동사 上은 '학교에 다니다'라는 뜻이다.

哥哥上大学。 형은 대학에 다닌다.
Gēge shàng dàxué.

我的孩子上小学。 내 아이는 초등학교에 다닌다.
Wǒ de háizi shàng xiǎoxué.

我和朋友都上初中。 나와 친구는 모두 중학교에 다닌다.
Wǒ hé péngyou dōu shàng chūzhōng.

6 我有一个很幸福的家庭。

Wǒ yǒu yí ge hěn xìngfú de jiātíng.

幸福는 형용사와 명사의 두 가지 기능이 있다.

1) 형 행복하다

这里的生活很幸福。 이곳의 생활은 아주 행복하다.
Zhèli de shēnghuó hěn xìngfú.

2) 명 행복

你们的幸福在哪里？ 너희들의 행복은 어디에 있니?
Nǐmen de xìngfú zài nǎli?

깊게 공부하기

1

人 Rén	사람
五口人 wǔ kǒu rén	다섯 식구
有五口人 yǒu wǔ kǒu rén	다섯 식구가 있습니다
我家有五口人。 Wǒ jiā yǒu wǔ kǒu rén.	우리 집에는 다섯 식구가 있습니다.

2

哥哥 gēge	형
有哥哥 yǒu gēge	형이 있습니다
没有哥哥 méiyou gēge	형이 없습니다
我没有哥哥。 Wǒ méiyou gēge.	나는 형이 없습니다.

3

主妇 — 주부
Zhǔfù

家庭主妇 — 가정주부
jiātíng zhǔfù

是家庭主妇 — 가정주부입니다
shì jiātíng zhǔfù

妈妈是家庭主妇。 — 엄마는 가정주부입니다.
Māma shì jiātíng zhǔfù.

4

家庭 — 가정
Jiātíng

幸福的家庭 — 행복한 가정
xìngfú de jiātíng

很幸福的家庭 — 아주 행복한 가정
hěn xìngfú de jiātíng

一个很幸福的家庭 — 하나의 아주 행복한 가정
yí ge hěn xìngfú de jiātíng

我有一个很幸福的家庭。 — 나는 아주 행복한 가정이 있습니다.
Wǒ yǒu yí ge hěn xìngfú de jiātíng.

넓게 공부하기

1 爸爸是______，妈妈是______。

Bàba shì ____________, māma shì ________.

아빠는 ________이고 , 엄마는 ________이다.

医生(의사)
yīshēng

老师(선생님)
lǎoshī

公务员(공무원)
gōngwùyuán

护士(간호사)
hùshì

公司职员(회사원)
gōngsī zhíyuán

售货员(판매원)
shòuhuòyuán

工程师(엔지니어)
gōngchéngshī

银行职员(은행원)
yínháng zhíyuán

2 妹妹上 ______。

Mèimei shàng _________.

여동생은 ________에 다닙니다.

幼儿园(유치원)
yòu'éryuán

小学(초등학교)
xiǎoxué

初中(중학교)
chūzhōng

大学(대학교)
dàxué

간체자 쓰기연습

妈 mā	妈	妈	妈	妈
妇 fù	妇	妇	妇	妇
员 yuán	员	员	员	员
儿 ér	儿	儿	儿	儿
园 yuán	园	园	园	园
职 zhí	职	职	职	职

연습문제

1 다음 중 단어의 한어병음이 잘못 표기된 것은?

① 爸爸 bāba

② 妈妈 māma

③ 姐姐 jiějie

④ 妹妹 mèimei

2 다음 빈칸에 알맞은 단어는?

我没有哥哥，___没有弟弟。

① 都　② 也　③ 再　④ 就

3 다음 밑줄 친 단어의 의미와 다르게 쓰인 것은?

妹妹上高中

① 哥哥上大学，姐姐上高中。

② 我的孩子们都上小学。

③ 我和朋友上初中。

④ 我每天八点上课。

4 다음 한국어를 중국어로 바르게 작문한 것은?

그녀는 좋은 친구들이 많습니다.

① 她有很多好朋友。

② 她有多好朋友。

③ 她有好朋友很多。

④ 她很有多好朋友。

5 다음 한자의 간체자가 아닌 것은?

① 媽 → 妈

② 婦 → 妇

③ 員 → 见

④ 園 → 园

第3课 韩国的天气很好

학습 목표

1. 형용사 술어문의 긍정형식 이해
2. 형용사 술어문의 부정형식 이해
3. 여러 가지 부사의 기능 이해

학습 내용

1. 형용사 술어문 형식익히기
2. 형용사 술어문 문장확장연습
3. 형용사 술어문 단어교체연습

본문읽기

韩国的天气很好。
Hánguó de tiānqì hěn hǎo.

春天很暖和，花都开了。
Chūntiān hěn nuǎnhuo, huā dōu kāi le.

夏天很热，很多人去海边玩。
Xiàtiān hěn rè, hěn duō rén qù hǎibiān wán.

秋天的天气特别好，不冷也不热，
Qiūtiān de tiānqì tèbié hǎo, bù lěng yě bú rè,

有很多好吃的水果。
yǒu hěn duō hǎochī de shuǐguǒ.

冬天很冷，有的时候下雪，风也很大。
Dōngtiān hěn lěng, yǒu de shíhòu xià xuě, fēng yě hěn dà.

새로운 단어

韩国	Hánguó	명 한국
天气	tiānqì	명 날씨
春天	chūntiān	명 봄
暖和	nuǎnhuo	형 따뜻하다
花	huā	명 꽃
开	kāi	동 꽃이 피다
夏天	xiàtiān	명 여름
热	rè	형 덥다
海边	hǎibiān	명 해변
玩	wán	동 놀다
秋天	qiūtiān	명 가을
特别	tèbié	부 특별히. 아주
冷	lěng	형 춥다
好吃	hǎochī	형 맛있다
下	xià	동 (눈. 비 등이) 내리다
雪	xuě	명 눈
风	fēng	명 바람

구문설명

1 韩国的天气很好。

Hánguó de tiānqì hěn hǎo.

1) 단음절로 이루어진 형용사가 술어로 쓰인 문장에서는 일반적으로 형용사 앞에 부사 很을 쓴다.

这种方法很好。 이 방법이 좋다.
Zhè zhǒng fāngfǎ hěn hǎo.

他个子很高。 그는 키가 크다.
Tā gèzi hěn gāo.

我姐姐很漂亮。 우리 누나는 아주 예쁘다.
Wǒ jiějie hěn piàoliang.

2) 형용사술어문의 부정은 술어로 쓰인 형용사 앞에 부정부사 不를 놓는다.

我的中文书不多。 나의 중국어 책은 많지 않다.
Wǒ de Zhōngwén shū bù duō.

那个大楼不大。 저 건물은 크지 않다.
Nà ge dàlóu bú dà.

现在我们不饿。 지금 우리는 배고프지 않다.
Xiànzài wǒmen bú è.

2 春天很暖和，花都开了。

Chūntiān hěn nuǎnhuo, huā dōu kāi le.

和는 여러 가지 발음을 가지고 있다.

1) 和를 hé로 읽을 때

他们兄弟不和。 그들은 형제가 화목하지 못하다. (형 화목하다)
Tāmen xiōngdì bù hé.

这个和那个不一样。 이것은 저것과 다르다. (전 …와,…과)
Zhè ge hé nà ge bù yíyàng.

2) 和를 huo로 읽을 때

今天比较暖和。 오늘은 비교적 따뜻하다. (형 따뜻하다)
Jīntiān bǐjiào nuǎnhuo.

北京的冬天不暖和。 베이징의 겨울은 따뜻하지 않다.
Běijīng de dōngtiān bù nuǎnhuo.

3 春天很暖和，花都开了。

Chūntiān hěn nuǎnhuo, huā dōu kāi le.

동사 开에는 다음과 같이 여러 가지 의미가 있다.

1) 열다

房间里很热，开开门吧。 방안이 더우니 문을 좀 열어라.
Fángjiān li hěn rè, kāikāi mén ba.

2) 꽃이 피다

玫瑰花开的时候真漂亮。 장미꽃이 피면 정말 예쁘다.
Méiguīhuā kāi de shíhou zhēn piāoliang.

3) (액체가 열을 받아서) 끓다

水开了。 물이 끓었다.
Shuǐ kāi le.

妈妈给了我一杯开水。 엄마가 내게 끓인 물 한 잔을 주셨다.
Māma gěi le wǒ yì bēi kāishuǐ.

4 夏天很热，很多人去海边玩。

Xiàtiān hěn rè, hěn duō rén qù hǎibiān wán.

동사가 연이어 나오는 문장을 '연동문'이라고 한다.

我去易买得买东西。 나는 물건을 사러 이마트에 간다.
Wǒ qù Yìmǎidé mǎi dōngxi.

他去中国参加国际会议。 그는 국제회의에 참석하러 중국에 간다.
Tā qù Zhōngguó cānjiā guójì huìyì.

5 秋天的天气特别好，不冷也不热，

Qiūtiān de tiānqì tèbié hǎo, bù lěng yě bú rè,

有很多好吃的水果。

yǒu hěn duō hǎochī de shuǐguǒ.

特别는 다음과 같은 기능과 의미를 가지고 있다.

1) 형 특별하다, 특이하다

他的性格很特别。 그의 성격은 유별나다.
Tā de xìnggé hěn tèbié.

2) 부 각별히, 특별히

这是我特别准备的礼物。 이것은 내가 특별히 준비한 선물이다.
Zhè shì wǒ tèbié zhǔnbèi de lǐwù.

'不…也不…'는 '…하지도 않고, 또…하지도 않다'는 의미를 나타낸다.

她个子不高也不矮。 그녀는 키가 크지도 않고 작지도 않다.
Tā gèzi bù gāo yě bù ǎi.

这个东西不贵也不便宜。 이 물건은 비싸지도 않고 싸지도 않다.
Zhè ge dōngxi bú guì yě bù piányi.

6 冬天很冷，有的时候下雪，风也很大。

Dōngtiān hěn lěng, yǒu de shíhou xià xuě, fēng yě hěn dà.

'有的…'는 '어떤…'의 의미를 나타내며, 직접 '어떤 사람', '어떤 것'이라는 의미를 나타낼 때도 있다. 이때는 전체 중의 일부를 나타낸다.

有的人喜欢中国菜。 어떤 사람은 중국요리를 좋아한다.
Yǒu de rén xǐhuan Zhōngguócài.

有的人喜欢意大利面。 어떤 사람은 스파게티를 좋아한다.
Yǒu de rén xǐhuan Yìdàlìmiàn.

有的送花，有的送礼物。 어떤 사람은 꽃을 선물하고, 어떤 사람은 예물을 선물한다.
Yǒu de sòng huā, yǒu de sòng lǐwù.

깊게 공부하기

1

好 Hǎo	좋습니다
很好 hěn hǎo	아주 좋습니다
天气很好 tiānqì hěn hǎo	날씨가 아주 좋습니다
韩国的天气很好。 Hánguó de tiānqì hěn hǎo.	한국의 날씨가 아주 좋습니다.

2

好 hǎo	좋습니다
特别好 tèbié hǎo	특히 좋습니다
天气特别好 tiānqì tèbié hǎo	날씨는 특히 좋습니다
秋天的天气特别好。 Qiūtiān de tiānqì tèbié hǎo.	가을의 날씨는 특히 좋습니다.

3

水果 과일
shuǐguǒ

好吃的水果 맛있는 과일
hǎochī de shuǐguǒ

很多好吃的水果 많은 맛있는 과일
hěn duō hǎochī de shuǐguǒ

有很多好吃的水果。 맛있는 과일이 많이 있습니다.
Yǒu hěn duō hǎochī de shuǐguǒ.

4

雪 눈
xuě

下雪 눈이 내립니다
xià xuě

有的时候下雪 어떤 때는 눈이 내립니다
Yǒu de shíhou xià xuě

冬天有的时候下雪。 겨울에 어떤 때는 눈이 내립니다.
Dōngtiān yǒu de shíhou xià xuě.

넓게 공부하기

1 有很多好吃的______。

Yǒu hěn duō hǎochī de ______.

맛있는 ______이(가) 많이 있습니다.

糖果(사탕)
tángguǒ

蛋糕(케이크)
dàngāo

巧克力(초콜릿)
qiǎokèlì

三明治(샌드위치)
sānmíngzhì

2 有的时候______。

Yǒu de shíhou ______.

어떤 때는 ______.

下雨(비가 오다)
xiàyǔ

刮风(바람 불다)
guāfēng

打雷(천둥치다)
dǎléi

간체자 쓰기연습

气 qì	气	气	气	气
热 rè	热	热	热	热
边 biān	边	边	边	边
风 fēng	风	风	风	风
时 shí	时	时	时	时
书 shū	书	书	书	书

연습문제

1 다음 중 단어의 한어병음이 잘못 표기된 것은?

① 暖和 nuǎnhuo

② 热 lè

③ 冷 lěng

④ 秋天 qiūtiān

2 다음 빈칸에 알맞은 단어는?

春天很 ___, 花都开了。

① 暖和　② 热

③ 冷　④ 凉

3 다음 빈칸에 알맞은 단어는?

秋天的天气特别好, 不冷 ___不热。

① 都　② 也

③ 和　④ 又

4 다음 보기의 밑줄 친 부분의 의미와 같이 쓰인 것은?

> 春天很暖和, 花都<u>开</u>了。

① 房间里很热，<u>开开</u>门吧。

② 玫瑰花<u>开</u>的时候真漂亮。

③ 妈妈给我一杯<u>开</u>水。

④ 水已经<u>开</u>了。

5 다음 한자의 간체자가 아닌 것은?

① 氣 → 气

② 熱 → 乐

③ 邊 → 边

④ 時 → 时

第4课 我哥哥身体很好

학습 목표

1. 주술술어문의 긍정 형식 이해
2. 주술술어문의 부정 형식 이해
3. 주술술어문의 활용능력

학습 내용

1. 주술술어문 형식익히기
2. 주술술어문 문장확장연습
3. 주술술어문 단어교체연습

본문읽기

我哥哥身体很好。

Wǒ gēge shēntǐ hěn hǎo.

他体重七十三公斤，身高一米八。

Tā tǐzhòng qī shí sān gōngjīn, shēngāo yì mǐ bā.

我姐姐个子也很高，一米七。

Wǒ jiějie gèzi yě hěn gāo, yì mǐ qī.

我个子最小，只有一米六五，

Wǒ gèzi zuì xiǎo, zhǐ yǒu yì mǐ liù wǔ,

可是我体重最重，七十五公斤。

kěshì wǒ tǐzhòng zuì zhòng, qī shí wǔ gōngjīn.

새로운 단어

哥哥	gēge	명 형. 오빠
身体	shēntǐ	명 신체. 몸
体重	tǐzhòng	명 체중
七十	qī shí	수 70
三	sān	수 3
公斤	gōngjīn	양 킬로그램(kg)
身高	shēngāo	명 키. 신장
米	mǐ	양 미터(m)
八	bā	수 8
个子	gèzi	명 키
高	gāo	형 (높이가) 높다. 키가 크다
最	zuì	부 가장. 제일
只	zhǐ	부 단지. 겨우
六	liù	수 6
五	wǔ	수 5
可是	kěshì	접 그러나. 하지만
重	zhòng	형 무겁다

구문설명

1 我哥哥身体很好。
Wǒ gēge shēntǐ hěn hǎo.

1) 주술술어문의 형식은 “주어 + 술어(주어+술어)”로 이루어진다.

她爷爷身体很好。 그녀의 할아버지는 아주 건강하시다.
Tā yéye shēntǐ hěn hǎo.

这个东西价钱很便宜。 이 물건은 가격이 아주 싸다.
Zhè ge dōngxi jiàqián hěn piányi.

2) 주술술어문의 부정형식은 “주어 + 술어(주어+不 +술어)”로 이루어진다.

我个子不高。 나는 키가 크지 않다.
Wǒ gèzi bù gāo.

奶奶身体不好。 할머니는 건강이 안 좋으시다.
Nǎinai shēntǐ bù hǎo.

2 他体重七十三公斤，身高一米八。
Tā tǐzhòng qī shí sān gōngjīn, shēngāo yì mǐ bā.

국제 통용의 미터(m)법 단위에는 公을 붙인다.

公里 킬로미터(km)
gōnglǐ

公尺 미터(m)
gōngchǐ

公分 센티미터(cm)
gōngfēn

公斤 킬로그램(kg)
gōngjīn

3 我姐姐个子也很高，一米七。

Wǒ jiějie gèzi yě hěn gāo, yì mǐ qī.

미터법의 표현에서 미터 단위 아래의 센티미터 단위는 보통 0을 생략한다.

他身高一米九。그는 키가 1m 90cm이다.
Tā shēngāo yì mǐ jiǔ.

我个子只有一米六五。나는 키가 겨우 1m 65cm이다.
Wǒ gèzi zhǐ yǒu yì mǐ liù wǔ.

4 我个子最小，只有一米六五，可是我体重最重，七十五公斤。

Wǒ gèzi zuì xiǎo, zhǐyǒu yì mǐ liù wǔ, kěshì wǒ tǐzhòng zuì zhòng, qī shí wǔ gōngjīn.

부사 最는 '가장', '제일'이라는 의미를 나타낸다.

那个MP3最贵。저 MP3가 제일 비싸다.
Nà ge MP sān zuì guì.

这个U盘容量最大。이 USB가 용량이 가장 크다.
Zhè ge U pán róngliàng zuì dà.

5 我个子最小，只有一米六五，可是我体重最重，七十五公斤。

Wǒ gèzi zuì xiǎo, zhǐ yǒu yì mǐ liù wǔ, kěshì wǒ tǐzhòng zuì zhòng, qī shí wǔ gōngjīn.

1) 부사 只는 '단지', '겨우'의 의미를 나타낸다.

房间里只有五个人。 방안에는 겨우 다섯 명뿐이다.
Fángjiān li zhǐ yǒu wǔ ge rén.

我只有五本中文书。 나는 중국어 책 다섯 권밖에 없다.
Wǒ zhǐ yǒu wǔ běn Zhōngwén shū.

2) 접속사 可是는 '그러나', '하지만', '그렇지만'의 의미로, 문장의 앞뒤 관계에서 의미의 전환을 나타낸다.

这种电视很好，可是价钱太贵了。
Zhè zhǒng diànshì hěn hǎo, kěshì jiàqián tài guì le.
이런 TV는 아주 좋지만, 가격이 너무 비싸다.

这本小说很长，可是很有意思。
Zhè běn xiǎoshuō hěn cháng, kěshì hěn yǒu yìsi.
이 소설은 길지만 아주 재미있다.

깊게 공부하기

1

很好 hěn hǎo	아주 건강합니다
身体很好 shēntǐ hěn hǎo	몸이 아주 건강합니다
哥哥身体很好 gēge shēntǐ hěn hǎo	형은 몸이 아주 건강합니다
我哥哥身体很好。 Wǒ gēge shēntǐ hěn hǎo.	우리 형은 몸이 아주 건강합니다.

2

三公斤 sān gōngjīn	3kg
七十三公斤 qī shí sān gōngjīn	73kg
体重七十三公斤 tǐzhòng qī shí sān gōngjīn	체중이 73kg입니다
他体重七十三公斤。 Tā tǐzhòng qī shí sān gōngjīn.	그는 체중이 73kg입니다.

3

很高　　큽니다
hěn gāo

也很高　　역시 큽니다
yě hěn gāo

个子也很高　　키도 역시 큽니다
gèzi yě hěn gāo

姐姐个子也很高　　누나도 키도 역시 큽니다
jiějie gèzi yě hěn gāo

我姐姐个子也很高。　　우리 누나는 키도 역시 큽니다
Wǒ jiějie gèzi yě hěn gāo.

4

六五　　65
liù wǔ

一米六五　　1m 65cm
yì mǐ liù wǔ

有一米六五　　1m 65cm입니다
zhǐ yǒu yì mǐ liù wǔ

只有一米六五　　겨우 1m 65cm입니다
zhǐ yǒu yì mǐ liù wǔ

我只有一米六五。　　나는 겨우 1m 65cm입니다.
Wǒ zhǐ yǒu yì mǐ liù wǔ.

넓게 공부하기

1 ________身体很好。

________shēntǐ hěn hǎo.

________는 아주 건강하십니다.

我姥爷(나의 외할아버지)

wǒ lǎoye

我姥姥(나의 외할머니)

wǒ lǎolao

我叔叔(나의 삼촌)

wǒ shūshu

我姨妈(나의 이모)

wǒ yímā

2 ________体重七十三公斤。

________tǐzhòng qī shí sān gōngjīn.

________은(는) 체중이 73kg입니다.

我们老师(우리 선생님)

Wǒmen lǎoshī

我爱人(내 남편 또는 아내)

wǒ àirén

我舅舅(나의 외삼촌)

wǒ jiùjiu

我朋友(내 친구)

wǒ péngyǒu

간체자 쓰기연습

价 jià	价	价	价	价
钱 qián	钱	钱	钱	钱
爱 ài	爱	爱	爱	爱
们 men	们	们	们	们
体 tǐ	体	体	体	体
贵 guì	贵	贵	贵	贵

연습문제

1 다음 중 단어의 한어병음이 잘못 표기된 것은?

① 身高 shēngāo

② 个子 gězi

③ 公斤 gōngjīn

④ 体重 tǐzhòng

2 다음 단어 중 그 의미가 잘못된 것은?

① 公里 – km

② 公尺 – m

③ 公分 – cm

④ 公克 – kg

3 다음 빈칸에 알맞은 단어는?

> 我个子最小，___有一米六五。

① 很　　② 只

③ 就　　④ 可是

4 다음 대화에서 B에 들어갈 알맞은 대답은?

A: 最近你身体怎么样?
B: ________________

① 我身体很好。

② 我体重七十三公斤。

③ 我个子有一米六五。

④ 我体重最重, 七十五公斤。

5 다음 한자의 간체자가 아닌 것은?

① 價 → 价

② 錢 → 线

③ 愛 → 爱

④ 們 → 们

第5课 我七点起床

학습 목표

1. 동사술어문의 긍정형식 이해
2. 동사술어문의 부정형식 이해
3. 동사술어문의 활용능력

학습 내용

1. 동사술어문 형식익히기
2. 동사술어문 문장확장연습
3. 동사술어문 단어교체연습

본문읽기

我每天七点起床。
Wǒ měitiān qī diǎn qǐchuáng.

起床以后，先洗脸，再刷牙。
Qǐchuáng yǐhòu, xiān xǐliǎn, zài shuāyá.

我七点半吃早饭。
Wǒ qī diǎn bàn chī zǎofàn.

爸爸八点上班，我和姐姐八点一刻上学。
Bàba bā diǎn shàngbān, wǒ hé jiějie bā diǎn yíkè shàng xué.

我和爸爸很喜欢运动。
Wǒ hé bàba hěn xǐhuan yùndòng.

妈妈和姐姐很喜欢散步。
Māma hé jiějie hěn xǐhuan sànbù.

她们每天晚上都去公园散步。
Tāmen měitiān wǎnshàng dōu qù gōngyuán sànbù.

새로운 단어

每	měi	부 매. 각. ~마다
天	tiān	명 하루. 날. 일
点	diǎn	양 시(时. 시간단위)
起床	qǐchuáng	동 기상하다
以后	yǐhòu	명 이후
先	xiān	부 앞. 전
洗脸	xǐliǎn	동 세면하다
再	zài	부 …하고 나서
刷牙	shuāyá	동 양치질하다
吃	chī	동 먹다
早饭	zǎofàn	명 아침밥
上班	shàngbān	동 출근하다
一刻	yíkè	명 15분
上学	shàngxué	동 등교하다
喜欢	xǐhuan	동 좋아하다
运动	yùndòng	동 운동하다
散步	sànbù	동 산책하다
晚上	wǎnshang	명 저녁
公园	gōngyuán	명 공원

구문설명

1 我每天七点起床。

Wǒ měitiān qī diǎn qǐchuáng.

1) 동사술어문에서는 동사가 주요 술어역할을 하며, 주어의 동작이나 행위 등을 나타낸다. 동사술어문은 다음과 같이 여러 가지 형태가 있다.

他来。 그는 온다.(주어+동사)
Tā lái.

我吃饭。 나는 밥을 먹는다.(주어+동사+목적어)
Wǒ chī fàn.

他教我们汉语。
그는 우리에게 중국어를 가르친다.(주어+동사+간접목적어+직접목적어)
Tā jiāo wǒmen hànyǔ.

2) 동사술어문의 부정은 동사 앞에 不나 没를 놓는다.

他不来。 그는 오지 않는다.
Tā bù lái.

我不吃饭，吃面包。 나는 밥을 먹지 않고 빵을 먹는다.
Wǒ bù chī fàn, chī miànbāo.

我没有女朋友。 나는 여자 친구가 없다.
Wǒ méi yǒu nǚ péngyou.

2 我每天七点起床。

Wǒ měitiān qī diǎn qǐchuáng.

시간 부사는 주어 앞에 올 수도 있고, 주어 뒤에 올 수도 있다.

每天我七点起床。 매일 나는 6시에 일어난다.
Měitiān wǒ qī diǎn qǐchuáng.

我下星期去中国。 나는 다음 주에 중국에 간다.
Wǒ xià xīngqī qù Zhōngguó.

3 起床以后，先洗脸，再刷牙。

Qǐchuáng yǐhòu, xiān xǐliǎn, zài shuāyá.

'先~, 再~'의 구문은 '먼저…하고, 나중에…하다'는 의미를 나타낸다.

我想先买衣服，再买吃的东西。나는 먼저 옷을 사고 나중에 먹을 걸 사려고 한다.
Wǒ xiǎng xiān mǎi yīfu, zài mǎi chī de dōngxi.

我们先看电影，再去吃饭吧。 우리 먼저 영화보고 밥 먹으러 가자.
Wǒmen xiān kàn diànyǐng, zài qù chīfàn ba.

4 我七点半吃早饭。

Wǒ qī diǎn bàn chī zǎofàn.

끼니를 나타내는 말이다.

我们十二点吃午饭。 우리는 12시에 점심을 먹는다.
Wǒmen shí èr diǎn chī wǔfàn.

他晚上七点吃晚饭。 그는 저녁 7시에 저녁을 먹는다.
Tā wǎnshang qī diǎn chī wǎnfàn.

5 爸爸八点上班，我和姐姐八点一刻上学。

Bàba bā diǎn shàngbān, wǒ hé jiějie bā diǎn yíkè shàngxué.

一刻는 '15분'의 시간을 나타낸다.

现在十点一刻。 지금은 10시 15분이다.
Xiànzài shí diǎn yíkè.

现在差一刻十二点。 지금은 12시 15분 전이다.
Xiànzài chà yíkè shí èr diǎn.

6 我和爸爸很喜欢运动。

Wǒ hé bàba hěn xǐhuan yùndòng.

1) 'A和B'는 'A와 B'라는 의미를 나타낸다.

我和他是好朋友。 나와 그는 좋은 친구이다.
Wǒ hé tā shì hǎo péngyou.

每天爸爸和妈妈去健身房。 매일 아빠와 엄마는 헬스클럽에 간다.
Měitiān bàba hé māma qù jiànshēnfáng.

2) '喜欢 + 동사'는 '…하기를 좋아하다'는 의미를 나타낸다. 이때 부사 很이 그 정도를 강조한다.

我很喜欢吃冰淇淋。 나는 아이스크림을 아주 좋아한다.
Wǒ hěn xǐhuan chī bīngqílín.

他很喜欢看漫画书。 그는 만화책 보는 것을 아주 좋아한다.
Tā hěn xǐhuan kàn mànhuàshū.

7 她们每天晚上都去公园散步。

Tāmen měitiān wǎnshang dōu qù gōngyuán sànbù.

'去 + 장소 + 동사'는 '…하러 …에 가다'라는 의미를 표현한다.

他去图书馆借书。 그는 책을 빌리러 도서관에 간다.
Tā qù túshūguǎn jiè shū.

她去百货大楼买皮鞋。 그녀는 구두를 사러 백화점에 간다.
Tā qù bǎihuò dàlóu mǎi píxié.

깊게 공부하기

1

起床 Qǐchuáng	일어나다
七点起床 qī diǎn qǐchuáng	일곱 시에 일어납니다
每天七点起床 měitiān qī diǎn qǐchuáng	매일 일곱 시에 일어납니다
我每天七点起床。 Wǒ měitiān qī diǎn qǐchuáng.	나는 매일 일곱 시에 일어납니다.

2

饭 fàn	밥
早饭 zǎofàn	아침밥
吃早饭 chī zǎofàn	아침밥을 먹습니다
七点半吃早饭 qī diǎn bàn chī zǎofàn	일곱 시 반에 아침밥을 먹습니다
我七点半吃早饭。 Wǒ qī diǎn bàn chī zǎofàn.	나는 일곱 시 반에 아침밥을 먹습니다.

3

运动 운동
yùndòng

喜欢运动 운동을 좋아합니다
xǐhuan yùndòng

很喜欢运动 운동을 아주 좋아합니다
hěn xǐhuan yùndòng

爸爸很喜欢运动 아빠는 운동을 아주 좋아합니다
bàba hěn xǐhuan yùndòng

我和爸爸很喜欢运动。 나와 아빠는 운동을 아주 좋아합니다.
Wǒ hé bàba hěn xǐhuan yùndòng.

4

散步 산책하다
sànbù

去公园散步 공원으로 산책하러 갑니다
qù gōngyuán sànbù

晚上去公园散步 저녁에 공원으로 산책하러 갑니다
wǎnshang qù gōngyuán sànbù

每天晚上都去公园散步 매일 저녁 공원으로 산책하러 갑니다
měitiān wǎnshang dōu qù gōngyuán sànbù

她们每天晚上都去公园散步。 그녀들은 매일 저녁 공원에 산책하러 갑니다.
Tāmen měitiān wǎnshang dōu qù gōngyuán sànbù.

넓게 공부하기

1 我每天______起床。

Wǒ měitiān ______ qǐchuáng.

나는 매일 ______에 일어납니다.

六点(6시)

liù diǎn

六点半(6시 반)

liù diǎn bàn

七点一刻(7시 15분)

qī diǎn yíkè

八点(8시)

bā diǎn

2 我和爸爸很喜欢______。

Wǒ hé bàba hěn xǐhuan ______.

나와 아빠는 ______을(를) 좋아합니다.

看电影(영화를 보다)

kàn diànyǐng

做菜(음식을 만들다)

zuòcài

听音乐(음악을 듣다)

tīng yīn yuè

爬山(등산하다)

páshān

간체자 쓰기연습

点 diǎn	点	点	点	点
饭 fàn	饭	饭	饭	饭
欢 huān	欢	欢	欢	欢
运 yùn	运	运	运	运
动 dòng	动	动	动	动
床 chuáng	床	床	床	床

연습문제

1 다음 단어의 한어병음이 잘못된 것은?

① 起床 qǐchuáng

② 洗脸 xīliǎn

③ 刷牙 shuāyá

④ 上班 shàngbān

2 다음 빈칸에 알맞은 단어는?

> 我们___看电影，___去吃饭吧。

① 先, 再

② 又, 又

③ 先, 又

④ 又, 再

3 다음 아래의 중국어와 같은 의미는?

> 现在十一点四十五分。

① 现在十点一刻。

② 现在差一刻十二点。

③ 现在差一刻十点。

④ 现在差一刻十一点。

4 다음 중 문법적으로 어색한 문장은?

① 每天我七点起床。

② 下星期我去中国。

③ 我下星期去中国。

④ 我去下星期中国。

5 다음 한자의 간체자가 아닌 것은?

① 點 → 点

② 飯 → 饭

③ 歡 → 欢

④ 運 → 云

第6课 她教我们汉语

학습 목표

1. 두 개의 목적어를 갖는 동사 이해
2. 두 개의 목적어를 갖는 동사 활용

학습 내용

1. 두 개의 목적어를 갖는 동사의 기능 이해하기
2. 정확한 의미 파악과 해석하기
3. 조동사 要의 기능 이해하기

본문읽기

我们的老师是张老师。

Wǒmen de lǎoshī shì Zhāng lǎoshī.

她教我们汉语。

Tā jiāo wǒmen Hànyǔ.

我们常常问他很多问题。

Wǒmen chángcháng wèn tā hěn duō wèntí.

她每星期都借给我们中文书。

Tā měi xīngqī dōu jiègěi wǒmen Zhōngwén shū.

我们非常感谢她。

wǒmen fēicháng gǎnxiè tā.

今天是她的生日。

Jīntiān shì tā de shēngrì.

放学以后，我们要去百货公司买东西。

Fàngxué yǐhòu, wǒmen yào qù bǎihuò gōngsī mǎi dōngxi.

因为我们打算送她生日礼物。

Yīnwèi wǒmen dǎsuan sòng tā shēngrì lǐwù.

새로운 단어

老师	lǎoshī	명 선생님
教	jiāo	동 가르치다
常常	chángcháng	부 항상. 늘
问	wèn	동 묻다
问题	wèntí	명 문제
星期	xīngqī	명 주. 주일
借	jiè	동 빌리다
书	shū	명 책
非常	fēicháng	부 대단히. 매우
感谢	gǎnxiè	동 고맙다. 감사하다
生日	shēngrì	명 생일
放学	fàngxué	동 1. 수업을 마치다 2. 방학하다
百货公司	bǎihuò gōngsī	명 백화점
买	mǎi	동 사다
东西	dōngxi	명 물건
因为	yīnwèi	전 …이기 때문에
打算	dǎsuan	동 …할 생각이다. …하려고 하다
送	sòng	동 선물하다
礼物	lǐwù	명 선물. 예물

구문설명

1 我们的老师是张老师。

Wǒmen de lǎoshī shì Zhāng lǎoshī.

老师의 老는 '늙다'라는 의미와 상관없이 접두사로 사용된다.

老板 사장, 주인	老鼠 쥐	老虎 호랑이
lǎobǎn	ǎoshǔ	lǎohǔ

2 她教我们汉语。

Tā jiāo wǒmen Hànyǔ.

동사 教는 간접목적어와 직접목적어의 두 가지 목적어를 갖는다. 이때는 제1성으로 읽어야 한다.

她教我们书法。 그녀는 우리에게 서예를 가르친다.
Tā jiāo wǒmen shūfǎ.

张老师教我们数学。 장 선생님은 우리에게 수학을 가르치신다.
Zhāng lǎoshī jiāo wǒmen shùxué.

3 我们常常问她很多问题。

Wǒmen chángcháng wèn tā hěn duō wèntí.

동사 问은 두 개의 목적어를 갖는 동사로 '…에게…을 묻다'는 의미를 나타낸다.

他问我化学问题。 그는 나에게 화학 문제를 묻는다.
Tā wèn wǒ huàxué wèntí.

我问老师不知道的问题。 나는 선생님께 모르는 문제를 질문한다.
Wǒ wèn lǎoshī bù zhīdao de wèntí.

4 她每星期都借给我们中文书，我们非常感谢她。

Tā měi xīngqī dōu jiègěi wǒmen Zhōngwén shū, wǒmen fēicháng gǎnxiè tā.

每…都 는 '매…마다 모두'라는 의미를 나타낸다.

他们每天都骑自行车。 그들은 매일 자전거를 탄다.
Tāmen měitiān dōu qí zìxíngchē.

妈妈每星期都去超市买菜。 엄마는 매주 장을 보러 슈퍼마켓에 간다.
Māma měixīngqī dōu qù chāoshì mǎicài.

5 她每星期都借给我们中文书，我们非常感谢她。

Tā měi xīngqī dōu jiègěi wǒmen Zhōngwén shū, wǒmen fēicháng gǎnxiè tā.

동사 借는 두 개의 목적어를 갖는 동사로 '…에게…을 빌려주다'는 의미이다.

他借给我一支笔。 그는 나에게 펜 한 자루를 빌려주었다.
Tā jiègěi wǒ yì zhī bǐ.

我借给他一百块钱。 나는 그에게 백 원을 빌려주었다.
Wǒ jiègěi tā yì bǎi kuài qián.

6 今天是她的生日。

Jīntiān shì tā de shēngrì.

동사 是는 판단을 나타낸다.

今天是校庆。 오늘은 개교기념일이다.
Jīntiān shì xiàoqìng.

今天是春节。 오늘은 설날이다.
Jīntiān shì chūnjié.

7 放学以后，我们要去百货公司买东西。
Fàngxué yǐhòu, wǒmen yào qù bǎihuò gōngsī mǎi dōngxi.

조동사 要는 어떤 일에 대한 의지를 나타내며, '…하려고 하다'는 의미를 나타낸다. 부정을 할 때는 '不要'라고 하지 않고 '不想 bù xiǎng', '不愿意 bú yuànyì'라고 한다.

你要买这个电子词典吗？ 너 이 전자사전 살 거야?(긍정)
Nǐ yào mǎi zhè ge diànzǐ cídiǎn ma?

我不想一个人在家。 나는 혼자서 집에 있고 싶지 않다.(부정)
Wǒ bù xiǎng yí ge rén zài jiā.

我不愿意和他一起玩儿。 나는 그와 함께 놀고 싶지 않다.(부정)
Wǒ bú yuànyì hé tā yìqǐ wánr.

8 因为我们打算送她生日礼物。
Yīnwèi wǒmen dǎsuan sòng tā shēngrì lǐwù.

因为는 '…이기 때문에'라는 의미로 이유나 원인을 나타낸다.

因为下大雪，我们没(有)去上学。큰 눈이 와서 우리는 학교에 가지 않았다.
Yīnwèi xià dà xuě, wǒmen méi(yǒu) qù shàng xué.

因为下雨，我们没(有)去爬山。 우리는 비가 와서 등산을 가지 않았다.
Yīnwèi xià yǔ, wǒmen méi(yǒu) qù páshān.

9 因为我们打算送他生日礼物。

Yīnwèi wǒmen dǎsuan sòng tā shēngrì lǐwù.

打算은 '계획하다'는 의미의 동사로, '打算 + 동사'는 '…하려고 하다'는 의미를 표현한다.

你打算怎么办？ 너는 어떻게 할래?
Nǐ dǎsuan zěnme bàn?

他打算什么时候走？ 그는 언제 떠나려고 하니?
Tā dǎsuan shénme shíhou zǒu?

깊게 공부하기

1

张老师 Zhāng lǎoshī	장선생님
是张老师 shì Zhāng lǎoshī	장선생님입니다
老师是张老师 lǎoshī shì Zhāng lǎoshī	선생님은 장선생님입니다
我们的老师是张老师。 Wǒmen de lǎoshī shì Zhāng lǎoshī.	우리들의 선생님은 장선생님입니다.

2

问题 wèntí	문제
很多问题 hěn duō wèntí	많은 문제
问他很多问题 wèn tā hěn duō wèntí	그분에게 많은 문제를 질문합니다
常常问她很多问题 chángcháng wèn tā hěn duō wèntí	항상 그분에게 많은 문제를 질문합니다
我们常常问她很多问题。 Wǒmen chángcháng wèn tā hěn duō wèntí.	우리들은 항상 그분에게 많은 문제를 질문합니다.

3

她 tā	그분
感谢她 gǎnxiè tā	그분께 감사 드립니다
非常感谢她 fēicháng gǎnxiè tā	그분께 아주 감사 드립니다
我们非常感谢她。 Wǒmen fēicháng gǎnxiè tā.	우리는 그분께 아주 감사 드립니다.

4

礼物 lǐwù	선물
生日礼物 shēngrì lǐwù	생일 선물
送她生日礼物 sòng tā shēngrì lǐwù	그분께 생일 선물을 합니다
打算送她生日礼物 dǎsuàn sòng tā shēngrì lǐwù	그분께 생일 선물을 하려고 합니다
我们打算送她生日礼物 wǒmen dǎsuàn sòng tā shēngrì lǐwù	우리들은 그분께 생일 선물을 하려고 합니다
因为我们打算送她生日礼物。 Yīnwéi wǒmen dǎsuan sòng tā shēngrì lǐwù.	왜냐하면 우리들은 그분께 생일선물을 하려고 하기 때문입니다.

넓게 공부하기

1 我们要去________东西。

Wǒmen yào qù ____________ mǎi dōngxi.

나는 ______에 가서 물건을 사려고 합니다.

超市(슈퍼마켓)

Chāoshì

易买得(이마트)

Yìmǎidé

家乐福(까르푸)

Jiālèfú

沃尔玛(월마트)

Wòěrmǎ

2 我们打算送她________礼物。

Wǒmen dǎsuan sòng tā ____________ lǐwù.

우리는 그분께 ______선물을 하려고 합니다.

结婚(결혼)

Jiéhūn

春节(설)

Chūnjié

中秋节(추석)

Zhōngqiūjié

圣诞节(성탄절)

Shèngdànjié

간체자 쓰기연습

张 zhāng	张	张	张	张
问 wèn	问	问	问	问
谢 xiè	谢	谢	谢	谢
后 hòu	后	后	后	后
买 mǎi	买	买	买	买
东 dōng	东	东	东	东

연습문제

1 문장의 밑줄 친 한자의 올바른 한어병음은?

他教我们汉语。

① jiāo ② jiáo

③ jiǎo ④ jiào

2 다음 보기 중 老의 기능이 다르게 쓰인 것은?

① 老板 ② 老鼠

③ 老虎 ④ 老朋友

3 다음 밑줄 친 동사의 문법적 기능이 나머지 셋과 다른 것은?

① 王老师教我们书法。

② 我们常常问他很多问题。

③ 我给他买新衣服。

④ 我们打算送他春节礼物。

4 다음 보기 중 要의 의미가 나머지 셋과 다른 것은?

① 她要学滑雪。

② 你要看电影吗?

③ 他们要学游泳。

④ 借东西要还。

5 다음 한자의 간체자가 아닌 것은?

① 張 → 张

② 謝 → 谢

③ 賣 → 买

④ 東 → 东

第7课

복습(1)

학습 목표

1. 여러 가지 중국어 문장형식의 이해

학습 내용

1. 여러 가지 중국어 문장형식 복습

본문

1 是字文

1) 동사 是는 어떤 사실에 대한 '판단'이나 '긍정'을 나타낸다.

这是书。 이것은 책이다.
Zhè shì shū.

我是韩国人。 나는 한국인이다.
Wǒ shì Hánguórén.

他是我的好朋友。 그는 나의 좋은 친구이다.
Tā shì wǒ de hǎo péngyou.

2) 부정을 표현할 때는 동사 是 앞에 부정을 나타내는 不를 넣는다.

这不是杂志，这是书。 이것은 잡지가 아니라 책이다.
Zhè bú shì zázhì, zhè shì shū.

我不是中国人。 나는 중국인이 아니다.
Wǒ bú shì Zhōngguórén.

他们不是学生。 그들은 학생이 아니다.
Tāmen bú shì xuéshēng.

2 有자문

1) 동사 有는 '지니다', '있다' 등의 의미를 나타낸다.

他有三个孩子。 그는 아이가 세 명 있다.
Tā yǒu sān ge háizi.

我有一个中国朋友。나는 중국친구가 한 명 있다.
Wǒ yǒu yí ge Zhōngguó péngyou.

他有一个很可爱的女儿。그는 아주 귀여운 딸이 하나 있다.
Tā yǒu yí ge hěn kě'ài de nǚ'ér.

2) 有의 부정 형식은 '没有' 또는 '没'를 쓴다.

现在我没有钱。지금 나는 돈이 없다.
Xiànzài wǒ méi yǒu qián.

她没有女儿，只有一个儿子。그녀는 딸이 없고 단지 아들만 하나 있다.
Tā méi yǒu nǚ'ér, zhǐ yǒu yí ge érzi.

他没有自己的房子。그는 자기 집이 없다.
Tā méi yǒu zìjǐ de fángzi.

3 형용사술어문

1) 일반적으로 단음절로 이루어진 형용사가 술어로 쓰인 문장에서는 형용사 앞에 부사 很을 쓴다.

这个东西很贵。이 물건은 비싸다.
Zhè ge dōngxi hěn guì.

他年纪很大。그는 나이가 많다.
Tā niánjì hěn dà.

她个子很矮。그녀는 키가 작다.
Tā gèzi hěn ǎi.

2) 형용사술어문의 부정은 술어로 쓰인 형용사 앞에 부정부사 不를 놓는다.

她的中文书不多。 그녀의 중국어 책은 많지 않다.
Tā de Zhōngwén shū bù duō.

我们的学校不大。 우리 학교는 크지 않다.
Wǒmen de xuéxiào bú dà.

现在我们不累。 지금 우리는 피곤하지 않다.
Xiànzài wǒmen bú lèi.

4 주술술어문

1) 주술술어문의 형식은 "주어 + 술어(주어 + 술어)"로 이루어진다.

她爷爷身体很好。 그녀의 할아버지는 (아주) 건강하시다.
Tā yéye shēntǐ hěn hǎo.

这个东西价钱很贵。 이 물건은 가격이 비싸다.
Zhè ge dōngxi jiàqián hěn guì.

2) 주술술어문의 부정형식은 "주어 + 술어(주어 + 不 + 술어)"로 이루어진다.

我个子不高。 나는 키가 크지 않다.
Wǒ gèzi bù gāo.

姐姐身体不好。 누나는 건강이 안 좋다.
Jiějie shēntǐ bù hǎo.

5 동사술어문

1) 동사가 주요 술어 역할을 하며, 주어의 동작이나 행위 등을 나타낸다.
동사술어문은 다음과 같이 여러 가지 형태가 있다.

(1) 주어 + 동사

我去。 나는 간다.
Wǒ qù.

(2) 주어 + 동사 + 목적어

我爱你。 나는 너를 사랑해.
Wǒ ài nǐ.

(3) 주어 + 동사 + 간접목적어 + 직접목적어

我问他一个问题。 나는 그에게 한 가지를 묻는다.
Wǒ wèn tā yí ge wèntí.

2) 동사술어문의 부정은 동사 앞에 不나 没를 놓는다.

今天他们不来。 오늘 그들은 오지 않는다.
Jīntiān tāmen bù lái.

我不爱看中国电影。 나는 중국 영화를 좋아하지 않는다.
Wǒ bú ài kàn Zhōngguó diànyǐng.

我没有日文书。 나는 일본어 책이 없다.
Wǒ méi yǒu Rìwén shū.

6 이중목적어를 취하는 동사

1) 중국어에서 일부 동사는 간접목적어와 직접목적어의 두 가지 목적어를 취한다.

我问老师几个问题。 나는 선생님에게 몇 가지 문제를 질문한다.
Wǒ wèn lǎoshī jǐ ge wèntí.

他借给我中文书。 그는 나에게 중국어 책을 빌려주었다.
Tā jiègěi wǒ Zhōngwén shū.

我告诉他那件事。 나는 그에게 그 일을 말한다.
Wǒ gàosu tā nà jiàn shì.

2) 두 개의 목적어를 취하는 동사는 다음과 같다.

找 …에게 …을(를) 거슬러 주다
zhǎo

送 …에게 …을(를) 선물하다
sòng

还 …에게 …을(를) 돌려주다
huán

给 …에게 …을(를) 주다
gěi

연습문제

1 다음 밑줄 친 동사의 쓰임이 다른 것은?

① 这是书。

② 我是韩国人。

③ 他是我的好朋友。

④ 屋里屋外都是人。

2 다음 밑줄 친 동사의 쓰임이 다른 것은?

① 他有三个孩子。

② 我有一个中国朋友。

③ 他有一个很可爱的女儿。

④ 树上有两只鸟。

3 다음 중 술어의 성격이 다른 문장은?

① 今天他们不来。

② 我妈妈不工作。

③ 我没有日文书。

④ 那个东西不贵。

4 다음 중 술어의 성격이 다른 문장은?

① 她爷爷身体很好。

② 这个东西价钱很贵。

③ 今天的天气很好。

④ 我体重七十公斤。

5 다음 중 밑줄 친 동사의 성격이 다른 문장은?

① 张老师教我们数学。

② 我问老师几个问题。

③ 我们送老师生日礼物。

④ 我去百货公司买东西。

第8课 我想见我的朋友

학습 목표

1. 조동사의 기능과 용법 이해
2. 조동사의 긍정형과 부정형의 이해
3. 조동사의 활용법

학습 내용

1. 조동사가 쓰인 문장 형식익히기
2. 조동사가 쓰인 문장 확장연습
3. 조동사가 쓰인 문장 단어 교체연습

본문읽기

我是公司职员，现在在旅行社工作。
Wǒ shì gōngsī zhíyuán, xiànzài zài lǚxíngshè gōngzuò.

我已经在这个公司工作五年了。
Wǒ yǐjīng zài zhè ge gōngsī gōngzuò wǔ nián le.

我经常要到国外出差。
Wǒ jīngcháng yào dào guówài chūchāi.

这个星期我要去香港和上海。
Zhè ge xīngqī wǒ yào qù Xiānggǎng hé Shànghǎi.

我打算先去香港呆三天，然后再去
Wǒ dǎsuàn xiān qù Xiānggǎng dāi sān tiān, ránhòu zài qù

上海呆四天。
Shànghǎi dāi sì tiān.

去上海的时候，我想见我的中国朋友。
Qù Shànghǎi de shíhou, wǒ xiǎng jiàn wǒ de Zhōngguó péngyou.

새로운 단어

职员	zhíyuán	명 직원
在	zài	전 …에서
旅行社	lǚxíngshè	명 여행사
已经	yǐjīng	부 이미. 벌써
了	le	조 어기를 나타내는 조사
经常	jīngcháng	부 늘. 항상
要	yào	조 …하려고 하다
国外	guówài	명 국외. 외국
出差	chūchāi	동 출장가다
香港	Xiānggǎng	(지명) 홍콩
上海	Shànghǎi	(지명) 상하이
呆	dāi	동 머물다. 묵다
天	tiān	명 날
然后	ránhòu	접 그 다음에
时候	shíhou	명 때. 시각
想	xiǎng	동 …하고 싶다. …하려고 하다
见	jiàn	동 만나다. 보다

구문설명

1 我是公司职员，现在在旅行社工作。

Wǒ shì gōngsī zhíyuán, xiànzài zài lǚxíngshè gōngzuò.

'在 + 장소'는 부사어가 되어 어떤 동작이나 상황이 어디에서 발생하고 있는지를 나타낸다.

他在医院工作。 그는 병원에서 근무한다.
Tā zài yīyuàn gōngzuò.

她在贸易公司工作。 그녀는 무역회사에서 일한다.
Tā zài màoyì gōngsī gōngzuò.

2 我已经在这个公司工作五年了。

Wǒ yǐjīng zài zhè ge gōngsī gōngzuò wǔ nián le.

'동작 + 시간 + 了'는 어떤 동작이나 행위가 얼마나 긴 시간 동안 지속되었는지를 나타낸다. 이때 了는 시간의 변화를 나타내는 어기조사이다.

我结婚十年了。 나는 결혼한 지 10년이 되었다.
Wǒ jiéhūn shí nián le.

她毕业三年了。 그녀는 졸업한 지 3년이 되었다.
Tā bìyè sān nián le.

3 我经常要到国外出差。

Wǒ jīngcháng yào dào guówài chūchāi.

1) 부사 经常은 '늘', '항상'의 의미를 나타내는 부사이다.

我经常去博物馆。 나는 항상 박물관에 간다.
Wǒ jīngcháng qù bówùguǎn.

那是经常发生的事。 그것은 늘 발생하는 일이다.
Nà shì jīngcháng fāshēng de shì.

2) 조동사 要는 '마땅히 …해야한다'는 의미를 나타낸다. 부정을 할 때는 '不要'라고 하며 금지나 저지 등을 나타낸다.

路很滑，大家要小心。 길이 미끄러우니 모두 조심해야 한다.(긍정)
Lù hěn huá, dàjiā yào xiǎoxīn.

不要浪费钱。 돈을 낭비하지 마라.(부정)
Bú yào làngfèi qián.

4 这个星期我要去香港和上海。

Zhè ge xīngqī wǒ yào qù Xiānggǎng hé Shànghǎi.

'要去 + 장소'는 '…에 가야 한다'는 의미를 나타낸다.

下个月我要去昆明。 다음 달에 나는 쿤밍에 가야 한다.
Xià ge yuè wǒ yào qù Kūnmíng.

八月份我要去深圳。 8월에 나는 선전에 가야 한다.
Bā yuè fèn wǒ yào qù Shēnzhèn.

5 我打算先去香港呆三天，然后再去上海呆四天。

Wǒ dǎsuàn xiān qù Xiānggǎng dāi sān tiān, ránhòu zài qù Shànghǎi dāi sì tiān.

'打算 + 동사'는 '…할 예정이다', '…할 계획이다'는 의미를 나타낸다.

你打算怎么办？ 너는 어떻게 할래?
Nǐ dǎsuan zěnme bàn?

我打算呆一个星期。 나는 일주일간 머물 계획이다.
Wǒ dǎsuan dāi yí ge xīngqī.

6 去上海的时候，我想见我的中国朋友。

Qù shànghǎi de shíhou, wǒ xiǎng jiàn wǒ de zhōngguó péngyou.

'想 + 동사'는 '…하고 싶다'는 의미를 나타낸다. 想은 앞에 정도를 나타내는 부사를 써서 수식할 수 있다.

他想当老师。 그는 선생님이 되고 싶어한다.
Tā xiǎng dāng lǎoshī.

我很想读研究生。 나는 대학원에 꼭 다니고 싶다.
Wǒ hěn xiǎng dú yánjiūshēng.

깊게 공부하기

1

五年了 wǔ nián le	5년이 되었습니다
工作五年了 gōngzuò wǔ nián le	일한 지 5년이 되었습니다
已经工作五年了 yǐjīng gōngzuò wǔ nián le	이미 일한 지 5년이 되었습니다
我已经工作五年了。 Wǒ yǐjīng gōngzuò wǔ nián le.	나는 이미 일한 지 5년이 되었습니다.

2

出差 chūchāi	출장
国外出差 guówài chūchāi	외국출장
到国外出差 dào guówài chūchāi	외국으로 출장을 가다
要到国外出差 yào dào guówài chūchāi	외국으로 출장을 가야 한다
经常要到国外出差 jīngcháng yào dào guówài chūchāi	늘 외국으로 출장을 가야 한다
我经常要到国外出差。 Wǒ jīngcháng yào dào guówài chūchāi.	나는 늘 외국으로 출장을 가야 한다.

3

上海 Shànghǎi	상하이
香港和上海 Xiānggǎng hé Shànghǎi	홍콩과 상하이
去香港和上海 qù Xiānggǎng hé Shànghǎi	홍콩과 상하이에 갑니다
要去香港和上海 yào qù Xiānggǎng hé Shànghǎi	홍콩과 상하이에 가야 합니다
我要去香港和上海 wǒ yào qù Xiānggǎng hé Shànghǎi	나는 홍콩과 상하이에 가야 합니다
这个星期我要去香港和上海。 Zhè ge xīngqī wǒ yào qù Xiānggǎng hé Shànghǎi.	이번 주에 나는 홍콩과 상하이에 가야 합니다.

4

朋友 péngyou	친구
中国朋友 Zhōngguó péngyou	중국친구
我的中国朋友 wǒ de Zhōngguó péngyou	나의 중국친구
见我的中国朋友 jiàn wǒ de Zhōngguó péngyou	나의 중국친구를 만납니다
想见我的中国朋友 xiǎng jiàn wǒ de Zhōngguó péngyou	나의 중국친구를 만나고 싶습니다
我想见我的中国朋友。 Wǒ xiǎng jiàn wǒ de Zhōngguó péngyou.	나는 나의 중국친구를 만나고 싶습니다.

넓게 공부하기

1 我已经在这个_____工作五年了。

Wǒ yǐjīng zài zhè ge _____ gōngzuò wǔ nián le.

나는 이미 이 _____에서 일한 지 5년이 되었습니다.

学校(학교)

xuéxiào

银行(은행)

yínháng

工厂(공장)

gōngchǎng

餐厅(식당)

canting

2 去_____的时候，我想见我的_____朋友。

Qù _____ de shíhou, wǒ xiǎng jiàn wǒ de _____ péngyou.

_____에 갔을 때, 나는 나의 _____친구를 만나고 싶습니다.

巴黎(파리)

Bālí

法国(프랑스)

Fǎguó

伦敦(런던)

Lúndūn

英国(영국)

Yīngguó

纽约(뉴욕)

Niǔyuē

美国(미국)

Měiguó

东京(도쿄)

Dōngjīng

日本(일본)

Rìběn

银 yín	银	银	银	银
经 jīng	经	经	经	经
见 jiàn	见	见	见	见
馆 guǎn	馆	馆	馆	馆
差 chāi	差	差	差	差
读 dú	读	读	读	读

연습문제

1 문장의 밑줄 친 한자의 올바른 한어병음은?

> 她现在在旅行社工作。

① lǘxíngshè

② lǚxíngshè

③ lúxíngshè

④ lǔxíngshè

2 다음 도시의 한어병음과 의미가 잘못 연결된 것은?

① 纽约 Niǔyuē — 뉴욕

② 香港 Xiānggǎng — 홍콩

③ 东京 Dōngjīng — 도쿄

④ 伦敦 Bālí — 런던

3 다음 밑줄 친 조동사의 의미가 나머지 셋과 다른 것은?

① 借东西要还。

② 路很滑，大家要小心。

③ 他要学汉语。

④ 我经常要到国外出差。

4 다음 괄호 안에 적당하지 않는 말은?

去上海的时候，我(　　)见我的中国朋友。

① 要　　② 打算

③ 想　　④ 会

5 다음 한자의 간체자가 아닌 것은?

① 銀 → 银

② 經 → 经

③ 後 → 后

④ 時 → 肘

第9课 这是我的词典

학습 목표

1. '是…的' 강조구문 이해
2. 부사 非常의 용법 이해
3. 존재를 나타내는 동사 是의 용법 이해

학습 내용

1. '是…的'의 강조구문 문장확장연습
2. 부사 非常의 의미 이해
3. 존재를 나타내는 동사 是의 의미 이해

본문읽기

这是我的汉韩词典。
Zhè shì wǒ de Hànhán cídiǎn.

这本词典是新的。
Zhè běn cídiǎn shì xīn de.

这是爸爸给我买的。
Zhè shì bàba gěi wǒ mǎi de.

在我学习汉语的时候，词典是很有用的。
Zài wǒ xuéxí Hànyǔ de shíhou, cídiǎn shì hěn yǒuyòng de.

词典的旁边是我妹妹的书包。
Cídiǎn de pángbiān shì wǒ mèimei de shūbāo.

那是妈妈给她买的。
Nà shì māma gěi tā mǎi de.

那个书包是红的，不是蓝的。
Nà ge shūbāo shì hóng de, bú shì lán de.

我妹妹非常喜欢它。
Wǒ mèimei fēicháng xǐhuan tā.

새로운 단어

汉韩词典	Hànhán cídiǎn	명 중한사전
新	xīn	형 새롭다. 새것의
给	gěi	전 …에게
有用	yǒuyòng	형 유용하다
旁边	pángbiān	명 옆. 곁. 근처
书包	shūbāo	명 책가방
红	hóng	형 붉다. 빨갛다
蓝	lán	형 남색의

구문설명

1 这是我的汉韩词典。

Zhè shì wǒ de Hànhán cídiǎn.

'대명사 + 的 + 명사'에 쓰인 '的'는 소유나 예속관계를 나타낸다.

这些书都是她的课本。 이 책들은 다 그녀의 교과서이다.
Zhè xiē shū dōu shì tā de kèběn.

她是我们的好朋友。 그녀는 우리의 좋은 친구이다.
Tā shì wǒmen de hǎo péngyou.

2 这本词典是新的。

Zhè běn cídiǎn shì xīn de.

명사, 인칭대명사, 형용사 등의 뒤에 '的'를 붙여 '的자구'를 이룰 수 있다. 이때 '的'자구 는 하나의 명사에 해당된다.

这本书是老师的。 (=老师的书) 이 책은 선생님의 것이다.
Zhè běn shū shì lǎoshī de.

那支钢笔是我的。 (=我的钢笔) 저 만년필을 나의 것이다.
Nà zhī gāngbǐ shì wǒ de.

那台电脑是旧的。 (=旧的电脑) 저 컴퓨터는 오래된 것이다.
Nà tái diànnǎo shì jiù de.

3 这是爸爸给我买的。
Zhè shì bàba gěi wǒ mǎi de.

'是…的'의 형식을 써서 동작이나 행위의 주체, 이유, 시간, 장소, 방법 등을 강조할 수 있다.

这个名字是妈妈给我起的。이 이름은 엄마가 내게 지어주신 것이다.(동작의 주체)

Zhè ge míngzi shì māma gěi wǒ qǐ de.

他是从北京来的吗? 그는 베이징에서 왔니?(장소)
Tā shì cóng Běijīng lái de ma?

我们是昨天来的。우리들은 어제 왔다.(시간)
Wǒmen shì zuótiān lái de.

4 在我学习汉语的时候，词典是很有用的。
Zài wǒ xuéxí Hànyǔ de shíhou, cídiǎn shì hěn yǒuyòng de.

'…的时候'는 '…할 때'라는 의미를 나타낸다.

老师上课的时候，经常说这句话。선생님은 수업하실 때 늘 이 말씀을 하신다.

Lǎoshī shàngkè de shíhou, jīngcháng shuō zhè jù huà.

上课的时候，一定要认真听讲。수업을 할 때는 반드시 잘 들어야 한다.
Shàngkè de shíhou, yídìng yào rènzhēn tīng jiǎng.

5 词典的旁边是我妹妹的书包。

Cídiǎn de pángbiān shì wǒ mèimei de shūbāo.

동사 是는 사물의 존재를 나타내기도 한다. 이때 주어의 자리에는 '장소'를 나타내는 단어가 주로 오며, 有와 의미가 유사하다.

桌子的下边是爸爸的鞋。 탁자 아래에 아빠의 구두가 있다.
Zhuōzi de xiàbiān shì bàba de xié.

自行车的左边是弟弟的足球。 자전거의 옆에는 동생의 축구공이 있다.
Zìxíngchē de zuǒbiān shì dìdi de zúqiú.

6 那是妈妈给她买的。

Nà shì māma gěi tā mǎi de.

'是…的'의 형식을 써서 강조하는 구문이다. '给 + 대명사'는 '…에게'라는 의미로 동작의 대상을 가리킨다.

这是我给她买的。 이것이 내가 그녀에게 사준 것이다.
Zhè shì wǒ gěi tā mǎi de.

这不是我要给你说的。 이건 내가 네게 말해주려는 것이 아냐.
Zhè bú shì wǒ yào gěi nǐ shuō de.

7 那个书包是红的，不是蓝的。

Nà ge shūbāo shì hóng de, bú shì lán de.

'是…的，不是…的'구문은 '… (한) 것이지, … (한) 것은 아니다'라는 의미를 나타낸다.

这个笔记本是借的，不是买的。 이 노트는 빌린 것이지 산 것이 아니다.
Zhè ge bǐjìběn shì jiè de, bú shì mǎi de.

那辆汽车是进口的，不是国产的。저 자동차는 수입한 것이지 국산이 아니다.
Nà liàng qìchē shì jìnkǒu de, bú shì guóchǎn de.

8 我妹妹非常喜欢它。

Wǒ mèimei fēicháng xǐhuan tā.

부사 非常은 '아주', '대단히', '몹시'라는 의미다.

听了那句话，老金非常感动。그 얘기를 듣고 김씨 아저씨는 매우 감동을 했다.
Tīng le nà jù huà, Lǎo jīn fēicháng gǎndòng.

济州岛的风景非常美丽。 제주도의 풍경은 아주 아름답다.
Jìzhōudǎo de fēngjǐng fēicháng měilì.

깊게 공부하기

1

新的 xīn de	새것
是新的 shì xīn de	새것입니다
词典是新的 cídiǎn shì xīn de	사전은 새것입니다
这本词典是新的。 Zhè běn cídiǎn shì xīn de.	이 사전은 새것입니다.

2

书包 shūbāo	책가방
妹妹的书包 mèimei de shūbāo	여동생의 책가방
我妹妹的书包 wǒ mèimei de shūbāo	내 여동생의 책가방
是我妹妹的书包 shì wǒ mèimei de shūbāo	내 여동생의 책가방입니다
旁边是我妹妹的书包 pángbiān shì wǒ mèimei de shūbāo	옆에는 내 여동생의 책가방이 있습니다
词典的旁边是我妹妹的书包。 Cídiǎn de pángbiān shì wǒ mèimei de shūbāo.	사전 옆에는 내 여동생의 책가방이 있습니다.

3

买的 mǎi de	산 것
她买的 tā mǎi de	그녀가 산 것
给她买的 gěi tā mǎi de	그녀에게 사준 것
妈妈给她买的 māma gěi tā mǎi de	엄마가 그녀에게 사준 것
是妈妈给她买的 shì māma gěi tā mǎi de	엄마가 그녀에게 사준 것입니다
那是妈妈给她买的。 Nà shì māma gěi tā mǎi de.	저것은 엄마가 그녀에게 사준 것입니다.

4

它 tā	그것
喜欢它 xǐhuan tā	그것을 좋아합니다
非常喜欢它 fēicháng xǐhuan tā	그것을 아주 좋아합니다
妹妹非常喜欢它 mèimei fēicháng xǐhuan tā	여동생은 그것을 아주 좋아합니다
我妹妹非常喜欢它。 Wǒ mèimei fēicháng xǐhuan tā.	내 여동생은 그것을 아주 좋아합니다.

넓게 공부하기

1 书包是＿＿＿，不是＿＿＿。

Shūbāo shì ＿＿＿, bú shì ＿＿＿.

책 가방은 ＿＿＿의 것이지 ＿＿＿의 것이 아니다.

我的(나의 것) wǒ de	哥哥的(형의 것) gēge de
进口的(수입품) jìnkǒu de	国产的(국산품) guóchǎn de
新的(새것) xīn de	旧的(낡은 것) jiù de
买的(산 것) mǎi de	借的(빌린 것) jiè de

2 ____非常喜欢____。

____ fēicháng xǐhuan ________.

____은(는) ____을(를) 아주 좋아한다.

我朋友(내 친구) wǒ péngyou	中国电影(중국영화) Zhōngguó diànyǐng
她(그녀) tā	漫画(만화) mànhuà
老师(선생님) lǎoshī	小说(소설) xiǎoshuō
妹妹(여동생) mèimei	小狗(강아지) xiǎo gǒu

간체자 쓰기연습

韩 hán	韩	韩	韩	韩
电 diàn	电	电	电	电
脑 nǎo	脑	脑	脑	脑
个 gè	个	个	个	个
旧 jiù	旧	旧	旧	旧
来 lái	来	来	来	来

연습문제

1 문장의 밑줄 친 한자의 올바른 한어병음은?

> 这是我的<u>汉韩</u>词典。

① Hànhán

② Hànhàn

③ Hánhàn

④ Hánhán

2 다음 중 的의 문법적 기능이 다른 하나는?

① 这本词典是新的。

② 这是爸爸买的。

③ 词典是很有用的。

④ 那是我朋友写的小说。

3 다음 중 的의 문법적 기능이 다른 하나는?

① 那台电脑是旧的。

② 这是爸爸给我买的。

③ 他是从北京来的。

④ 我们是昨天来的。

4 다음 중 동사 是의 용법이 다른 하나는?

① 桌子的下边是爸爸的鞋。

② 书包是我的，不是哥哥的。

③ 这些书是她的课本。

④ 她是我们的好朋友。

5 다음 한자의 간체자가 잘못 연결된 것은?

① 韓 → 韩

② 邊 → 边

③ 買 → 卖

④ 個 → 个

第10课 我们全家一起去公园了

학습 목표

1. 중국어의 시제 이해
2. 수단과 방법을 나타내는 부사어 이해
3. 동태조사 了의 기능 이해

학습 내용

1. 중국어 시제표현 방법 익히기
2. 수단과 방법을 나타내는 부사어 활용
3. 동태조사 了를 사용한 문장 교체연습

본문읽기

昨天我们全家一起去公园了。
Zuótiān wǒmen quánjiā yìqǐ qù gōngyuán le.

那里有很多人。
Nàli yǒu hěn duō rén.

有的人散步，有的人运动。
Yǒu de rén sànbù, yǒu de rén yùndòng.

我跟哥哥一起打了篮球，
Wǒ gēn gēge yìqǐ dǎ le lánqiú,

爸爸和妈妈一起打了羽毛球。
bàba hé māma yìqǐ dǎ le yǔmáoqiú.

回家以后，我们吃了妈妈做的点心。
Huíjiā yǐhòu, wǒmen chī le māma zuò de diǎnxīn.

새로운 단어

昨天	zuótiān	명 어제
一起	yìqǐ	부 함께. 같이
打	dǎ	동 (놀이. 운동)을 하다
篮球	lánqiú	명 농구
羽毛球	yǔmáoqiú	명 배드민턴
回家	huíjiā	동 귀가하다
做	zuò	동 만들다
点心	diǎnxīn	명 간식

구문설명

1 昨天我们全家一起去公园了。

Zuótiān wǒmen quánjiā yìqǐ qù gōngyuán le.

중국어에서 시간을 표현하는 시간사는 주어의 앞이나 뒤에 놓이며, 시간사의 의미에 따라 시제가 결정된다.

昨天晚上他们一起散步了。 어제 저녁에 그들은 함께 산책을 했다.(과거)
Zuótiān wǎnshang tāmen yìqǐ sànbù le.

明天咱们一起吃饭吧。 내일 우리 같이 밥 먹자.(미래)
Míngtiān zánmen yìqǐ qù chīfàn ba.

2 那里有很多人。

Nàli yǒu hěn duō rén.

'장소 + 有 + 명사'는 '…에 …이(가) 있다'는 의미다. 이때 명사는 불특정한 사람이나 사물을 가리킨다.

他的研究室里有很多书。 그의 연수실에는 많은 책들이 있다.
Tā de yánjiūshì li yǒu hěn duō shū.

广场上有很多鸽子。 광장에는 많은 비둘기가 있다.
Guǎngchǎng shang yǒu hěn duō gēzi.

3 有的人散步，有的人运动。

Yǒu de rén sànbù, yǒu de rén yùndòng.

'有的…, 有的…'은 '어떤 …은(는) …하고, 어떤 …은(는) …하다'는 의미를 나타낸다.

有的学生去黄山，有的学生去张家界。
Yǒu de xuéshēng qù Huángshān, yǒu de xuéshēng qù Zhāngjiājiè.
어떤 학생은 황산에 가고, 어떤 학생은 장가계에 간다.

有的孩子玩电脑，有的孩子玩积木。
Yǒu de háizi wán diànnǎo, yǒu de háizi wán jīmù.
어떤 아이는 컴퓨터를 가지고 놀고, 어떤 아이는 블록쌓기 놀이를 한다.

4 我跟哥哥一起打了篮球，爸爸和妈妈一起打了羽毛球。

Wǒ gēn gēge yìqǐ dǎ le lánqiú, bàba hé māma yìqǐ dǎ le yǔmáoqiú.

'跟 … 一起'는 '…와 함께'라는 의미의 부사어로 동작의 '방법'을 나타내며, '和 … 一起'와 같은 의미이다.

明天我跟朋友一起去乐天世界。나는 내일 친구들과 함께 롯데월드에 간다.
Míngtiān wǒ gēn péngyou yìqǐ qù Lètiān shìjiè.

小明和姐姐一起去买游戏机。샤오밍은 누나와 함께 게임기를 사러 간다.
Xiǎomíng hé jiějie yìqǐ qù mǎi yóuxìjī.

5 回家以后，我们吃了妈妈做的点心。

Huíjiā yǐhòu, wǒmen chī le māma zuò de diǎnxīn.

'동사 + 了'는 동작의 완료를 나타낸다.

我听了明天的天气预报。 나는 내일의 일기예보를 들었다.
Wǒ tīng le míngtiān de tiānqì yùbào.

她丢了护照，所以不能坐飞机。그녀는 여권을 잃어버려서 비행기를 탈 수 없다.

Tā diū le hùzhào, suǒyi bù néng zuò fēijī.

깊게 공부하기

1

公园 공원
gōngyuán

去公园 공원에 갑니다
qù gōngyuán

一起去公园 함께 공원에 갑니다
yìqǐ qù gōngyuán

全家一起去公园 온 가족이 공원에 갑니다
quánjiā yìqǐ qù gōngyuán

我们全家一起去公园 우리 온 가족이 공원에 갑니다
wǒmen quánjiā yìqǐ qù gōngyuán

昨天我们全家一起去公园了。 어제 우리 온 가족이 공원에 갔습니다.
Zuótiān wǒmen quánjiā yìqǐ qù gōngyuán le.

2

人 사람
rén

很多人 많은 사람
hěn duō rén

有很多人 많은 사람이 있습니다
yǒu hěn duō rén

那里有很多人。 거기에 많은 사람이 있습니다.
Nà li yǒu hěn duō rén.

3

篮球 lánqiú	농구
打篮球 dǎ lánqiú	농구를 합니다
一起打篮球 yìqǐ dǎ lánqiú	함께 농구를 합니다
跟哥哥一起打篮球 gēn gēge yìqǐ dǎ lánqiú	형과 함께 농구를 합니다
我跟哥哥一起打了篮球。 Wǒ gēn gēge yìqǐ dǎ le lánqiú.	나는 형과 함께 농구를 했습니다.

4

点心 diǎnxīn	간식
做的点心 zuò de diǎnxīn	만든 간식
妈妈做的点心 māma zuò de diǎnxīn	엄마가 만드신 간식
吃了妈妈做的点心 chī le māma zuò de diǎnxīn	엄마가 만드신 간식을 먹었습니다
我们吃了妈妈做的点心。 Wǒmen chī le māma zuò de diǎnxīn.	우리는 엄마가 만든 간식을 먹었습니다.

넓게 공부하기

1 ____我们全家一起去____了。

______ wǒmen quánjiā yìqǐ qù ______ le.

______우리 온 가족은 ______에 갔다. (갈 것이다)

前天(그저께)	电影院(극장)
qiántiān	diànyǐngyuàn
今天(오늘)	民俗村(민속촌)
jīntiān	mínsúcūn
明天(내일)	爱宝乐园(에버랜드)
míngtiān	àibǎo lèyuán

2 我们______了妈妈______的______。

Wǒmen ______ le māma ______ de ______ .

우리들은 엄마가 ______한 ______을 ______다.

看(보다)	写(쓰다)	小说(소설)
kàn	xiě	xiǎoshuō
看(보다)	画(그리다)	画(그림)
kàn	huà	huà
听(듣다)	说(말하다)	话(말)
tīng	shuō	huà
听(듣다)	讲(말하다)	故事(이야기)
tīng	jiǎng	gùshi

간체자 쓰기연습

预 yù	预	预	预	预
报 bào	报	报	报	报
听 tīng	听	听	听	听
篮 lán	篮	篮	篮	篮
写 xiě	写	写	写	写
画 huà	画	画	画	画

연습문제

1 문장의 밑줄 친 한자의 올바른 한어병음은?

> 我跟哥哥一起打篮球。

① dǎ lǎnqiú

② dá lánqiú

③ dǎ lánqiú

④ dǎ lànqiú

2 다음 밑줄 친 단어와 바꿔 쓸 수 있는 말은?

> 明天我跟朋友一起去爬山。

① 和　　② 给

③ 从　　④ 们

3 다음 중 밑줄 친 동사 有의 의미가 다른 것은?

① 广场上有很多人。

② 那里有很多人。

③ 图书馆里有很多书。

④ 他爸爸有很多钱。

4 다음 중 괄호 안에 알맞은 단어는?

我们看(　　　)今天的新闻。

① 已经　　② 也

③ 一起　　④ 了

5 다음 한자의 간체자가 아닌 것은?

① 園 → 园

② 運 → 运

③ 動 → 动

④ 籃 → 蓝

第11课 我们很感谢他

학습 목표

1. 부사어를 만드는 방법 이해
2. 정도, 방법, 수단 등을 나타내는 부사어 이해
3. 여러 개의 부사어가 함께 쓰일 때의 어순 익히기

학습 내용

1. 부사구 활용과 응용
2. 여러 가지 부사의 기능 이해
3. 시간 부사어가 쓰인 문장 단어교체연습

본문읽기

王老师是我们的汉语老师。
Wáng lǎoshī shì wǒmen de Hànyǔ lǎoshī.

他每天很热情地教我们学习汉语。
Tā měitiān hěn rèqíng de jiāo wǒmen xuéxí Hànyǔ.

他说学习汉语应该多听，多说，多读，多写。
Tā shuō xuéxí Hànyǔ yīnggāi duō tīng, duō shuō, duō dú, duō xiě.

我们非常同意王老师的意见，
Wǒmen fēicháng tóngyì Wáng lǎoshī de yìjiàn,
所以我们
suǒyǐ wǒmen

每天努力学习。
měitiān nǔlì xuéxí.

他总是认真地帮助我们。
Tā zǒngshì rènzhēn de bāngzhù wǒmen.

我们很感谢他。
Wǒmen hěn gǎnxiè tā.

새로운 단어

王	Wáng	명 성씨
热情	rèqíng	형 친절하다. 열정적이다
教	jiāo	동 가르치다
应该	yīnggāi	조 …해야 한다. …하는 것이 마땅하다
听	tīng	동 듣다
读	dú	동 읽다
同意	tóngyì	동 동의하다
意见	yìjiàn	명 의견
努力	nǔlì	동 노력하다. 힘쓰다
总是	zǒngshì	부 늘. 항상
认真	rènzhēn	형 성실하다. 착실하다
帮助	bāngzhù	동 돕다
感谢	gǎnxiè	동 감사하다

구문설명

1 王老师是我们的汉语老师。

Wáng lǎoshī shì wǒmen de Hànyǔ lǎoshī.

언어명을 한어병음으로 표기할 때 첫번째 알파벳은 반드시 대문자를 써야한다.

张老师是俄语老师。 장 선생님은 러시아어 선생님이다.
Zhāng lǎoshī shì Éyǔ lǎoshī.

他是学校最有名的英语老师。 그는 학교에서 가장 유명한 영어 선생님이다.
Tā shì xuéxiào zuì yǒumíng de Yīngyǔ lǎoshī.

2 他每天很热情地教我们学习汉语。

Tā měitiān hěn rèqíng de jiāo wǒmen xuéxí Hànyǔ.

형용사, 동사, 명사 등에 조사 地를 붙이면 부사어가 되어 동사를 수식해 준다.

(1) 형용사 + 地 + 동사

他兴奋地说。 그는 흥분해서 말한다.
Tā xīngfèn de shuō.

(2) 동사 + 地 + 동사

今天雨不停地下。 오늘은 비가 끊임없이 내린다.
Jīntiān yǔ bù tíng de xià.

(3) 명사 + 地 + 동사

我们要科学地论证。 우리들은 과학적으로 논증해야 한다.
Wǒmen yào kēxué de lùnzhèng.

3 他说学习汉语应该多听，多说，多读，多写。
Tā shuō xuéxí Hànyǔ yīnggāi duō tīng, duō shuō, duō dú, duō xiě.

1) 조동사 应该는 '(도리상) 마땅히…해야 한다'는 의미를 나타낸다.

我应该努力学习。 나는 열심히 공부해야 한다.
Wǒ yīnggāi nǔlì xuéxí.

我们应该保护环境。 우리들은 환경을 보호해야 한다.
Wǒmen yīnggāi bǎohù huánjìng.

2) 형용사 多가 동사 앞에 놓여 '多 + 동사'로 쓰일 때는 부사어가 되어 '많게', '많이'라는 의미로 해석된다.

夏天要多喝水。 여름에는 물을 많이 마셔야 한다.
Xiàtiān yào duō hē shuǐ.

为了健康，我们要多运动。 건강을 위해 우리는 운동을 많이 해야 한다.
Wèi le jiànkāng, wǒmen yào duō yùndòng.

4 我们非常同意王老师的意见，所以我们每天努力学习。
Wǒmen fēicháng tóngyì Wáng lǎoshī de yìjiàn, suǒyǐ wǒmen měitiān nǔlì xuéxí.

所以는 '그래서', '그러므로' 등의 의미로 인과관계에서 '결과'나 '결론'을 나타낸다.

他经常帮助别人，所以大家都喜欢他。
Tā jīngcháng bāngzhù biérén, suǒyǐ dàjiā dōu xǐhuan tā.
그는 늘 남을 도와줘서 모든 사람이 다 그를 좋아한다.

今天下大雨，所以不能出去玩儿。
Jīntiān xià dà yǔ, suǒyǐ bù néng chūqù wánr.
오늘 큰 비가 와서 밖에 나가 놀 수가 없다.

5 他总是认真地帮助我们。

Tā zǒngshì rènzhēn de bāngzhù wǒmen.

부사 总是는 '늘', '언제나', '줄곧'이라는 의미로 사용된다.

他说话的时候，总是那么慢。 그는 말할 때 언제나 느리다.
Tā shuōhuà de shíhou, zǒngshì nàme màn.

弟弟总是不听妈妈的话。 동생은 항상 엄마의 말을 듣지 않는다.
Dìdi zǒngshì bù tīng māma de huà.

6 我们很感谢他。

Wǒmen hěn gǎnxiè tā.

동사 感谢는 '감사하다', '고맙게 여기다' 등의 의미를 가지고 있다.

老师是最要感谢的人。 선생님은 가장 감사해야 할 분이다.
Lǎoshī shì zuì yào gǎnxiè de rén.

我们非常感谢大家的支持。 우리들은 여러 분의 지지에 대단히 감사드립니다.
Wǒmen fēicháng gǎnxiè dàjiā de zhīchí.

깊게 공부하기

1

老师 lǎoshī	선생님
汉语老师 Hànyǔ lǎoshī	중국어 선생님
我们的汉语老师 wǒmen de Hànyǔ lǎoshī	우리들의 중국어 선생님
是我们的汉语老师 shì wǒmen de Hànyǔ lǎoshī	우리들의 중국어 선생님입니다
王老师是我们的汉语老师。 Wáng lǎoshī shì wǒmen de Hànyǔ lǎoshī.	왕 선생님은 우리들의 중국어 선생님입니다.

2

汉语 Hànyǔ	중국어
学习汉语 xuéxí Hànyǔ	중국어를 배웁니다
我们学习汉语 wǒmen xuéxí Hànyǔ	우리들은 중국어를 배웁니다
教我们学习汉语 jiāo wǒmen xuéxí Hànyǔ	우리들에게 중국어를 가르칩니다
很热情地教我们学习汉语 hěn rèqíng de jiāo wǒmen xuéxí Hànyǔ	아주 친절하게 우리들에게 중국어를 가르칩니다
他每天很热情地教我们学习汉语。 Tā měitiān hěn rèqíng de jiāo wǒmen xuéxí Hànyǔ.	그는 매일 아주 친절하게 우리들에게 중국어를 가르칩니다.

3

意见 yìjiàn	의견
老师的意见 lǎoshī de yìjiàn	선생님의 의견
王老师的意见 Wáng lǎoshī de yìjiàn	왕 선생님의 의견
同意王老师的意见 tóngyì Wáng lǎoshī de yìjiàn	왕 선생님의 의견에 동의합니다
非常同意王老师的意见 fēicháng tóngyì Wáng lǎoshī de yìjiàn	왕 선생님의 의견에 아주 동의합니다
我们非常同意王老师的意见。 Wǒmen fēicháng tóngyì Wáng lǎoshī de yìjiàn.	우리들은 왕 선생님의 의견에 아주 동의합니다.

4

我们 women	우리들
帮助我们 bāngzhù wǒmen	우리들을 도와줍니다
认真地帮助我们 rènzhēn de bāngzhù wǒmen	성실하게 우리들을 도와줍니다
总是认真地帮助我们 zǒngshì rènzhēn de bāngzhù wǒmen	항상 성실하게 우리들을 도와줍니다
他总是认真地帮助我们。 Tā zǒngshì rènzhēn de bāngzhù wǒmen.	그는 항상 성실하게 우리들을 도와줍니다.

넓게 공부하기

1 他很热情地教我们______。

Tā hěn rèqíng de jiāo wǒmen ______.

그는 친절하게 우리들에게 ______을(를) 가르칩니다.

写作文(작문을 하다)

xiě zuòwén

画画(그림을 그리다)

huà huà

弹钢琴(피아노를 치다)

tán gāngqín

拉小提琴(바이올린을 켜다)

lā xiǎotíqín

2 他______认真地帮助我们。

Tā ______ rènzhēn de bāngzhù wǒmen.

그는 ______성실하게 우리들을 도와줍니다.

每天(매일)

měitiān

每个周末(매 주말)

měi ge zhōumò

每个学期(매 학기)

měi ge xuéqī

经常(늘)

jīngcháng

总 zǒng	总	总	总	总
热 rè	热	热	热	热
应 yīng	应	应	应	应
该 gāi	该	该	该	该
帮 bāng	帮	帮	帮	帮
认 rèn	认	认	认	认

연습문제

1 다음 밑줄 친 단어의 올바른 한어병음은?

每天他很热情地辅导我们学习汉语。

① fúdǎo

② fǔdǎo

③ fùdǎo

④ fūdǎo

2 다음 밑줄 친 단어의 쓰임이 나머지 셋과 다른 것은?

① 夏天要多喝水。

② 为了健康，我们要多运动。

③ 爬山的时候，要多休息。

④ 公园里有很多人。

3 다음 밑줄 친 단어와 의미가 유사한 것은?

他总是认真地帮助我们。

① 经常

② 偶尔

③ 每天

④ 平时

4 다음 괄호 안에 알맞은 단어는?

小红每天运动，(　　)很健康。

① 因为

② 所以

③ 为什么

④ 可是

5 다음 한자의 간체자가 아닌 것은?

① 熱 → 执

② 認 → 认

③ 應 → 应

④ 該 → 该

第12课 我们家旁边有一个公园

학습 목표

1. 존재를 표현하는 방법
2. 동사 有의 존재표현 기능 이해
3. 동사 是의 존재표현 기능 이해
4. 방위사의 기능이해

학습 내용

1. 존재표현의 방법 익히기
2. 동사 有의 존재표현 익히기
3. 동사 是의 존재표현 익히기
4. 방위사 의미와 기능 익히기

본문읽기

我们家旁边有一个公园。
Wǒmen jiā pángbiān yǒu yí ge gōngyuán.

每个星期天我们全家人都去那里玩儿。
Měi ge xīngqītiān wǒmen quánjiārén dōu qù nà li wánr.

公园的前面是湖。
Gōngyuán de qiánmiàn shì hú.

湖里有很多小船。
Hú li yǒu hěn duō xiǎo chuán.

公园的后边有一座小山，山上有很多树。
Gōngyuán de hòubiān yǒu yí zuò xiǎo shān, shān shàng yǒu hěn duō shù.

公园的右边有一个大花园，花园里有很多花。
Gōngyuán de yòubiān yǒu yí ge dà huāyuán, huāyuán li yǒu hěn duō huā.

公园的左边是一片大草地。
Gōngyuán de zuǒbiān shì yí piàn dà cǎodì.

这里的风景很美。
Zhè li de fēngjǐng hěn měi.

새로운 단어

旁边	pángbiān	명 옆
都	dōu	부 모두. 다
那儿	nàr	대 그 곳. 저 곳
前面	qiánmiàn	명 앞
湖	hú	명 호수
船	chuán	명 배
后边	hòubiān	명 뒤
座	zuò	양 산. 도시 등을 세는 단위
树	shù	명 나무
右边	yòubiān	명 오른쪽
花园	huāyuán	명 꽃밭. 화원
左边	zuǒbiān	명 왼쪽
片	piàn	양 지면. 수면 등을 세는 단위
草地	cǎodì	명 잔디밭. 초원
风景	fēngjǐng	명 풍경
美	měi	형 아름답다. 예쁘다

구문설명

1 我们家旁边有一个公园。

Wǒmen jiā pángbiān yǒu yí ge gōngyuán.

동사 有는 소유 외에도 어떤 사물이 어디에 존재하고 있는지를 표현한다.

我们公司的后边有一个星巴克。우리 회사 뒤에는 스타벅스 커피숍이 있다.
Wǒmen gōngsī de hòubiān yǒu yí ge Xīngbākè.

银行的前边有一辆奔驰。은행 앞에는 벤츠 한 대가 있다.
Yínháng de qiánbiān yǒu yí liàng Bēnchí.

2 每个星期天我们全家人都去那里玩儿。

Měi ge xīngqītiān wǒmen quánjiārén dōu qù nàr wán.

每…都는 '매 …마다', '모든 …마다'라는 의미를 나타낸다.

每个人都知道他很聪明。모든 사람이 다 그가 아주 똑똑하다는 걸 다 안다.
Měi ge rén dōu zhīdao tā hěn cōngmíng.

每天他都很早起床。매일 그는 아주 일찍 일어난다.
Měitiān tā dōu hěn zǎo qǐchuáng.

3 公园的前面是湖。

Gōngyuán de qiánmiàn shì hú.

방향을 나타내는 前, 后, 左, 右에 '-面' 또는 '-边'을 써서 방향을 나타낸다.

公司的旁边是饭店。 회사 옆에는 호텔이 있다.
Gōngsī de pángbiān shì fàndiàn.

首尔市政府前面有大草坪。 서울 시청 앞에는 큰 잔디밭이 있다.
Shǒu'ěr shìzhèngfǔ qiánmiàn yǒu dàcǎopíng.

4 湖里有很多小船。

Hú li yǒu hěn duō xiǎo chuán.

里가 '장소 + 里'의 형태로 쓰이면 '…안에', '…속에'라는 의미를 나타낸다.

车里有一只小狗。 차 안에 강아지 한 마리가 있다.
Chē li yǒu yì zhī xiǎogǒu.

学校里有很多学生。 학교에 많은 학생들이 있다.
Xuéxiào li yǒu hěn duō xuéshēng.

5 公园的后边有一座小山，山上有很多树。

Gōngyuán de hòubiān yǒu yí zuò xiǎo shān, shān shàng yǒu hěn duō shù.

座는 산, 도시, 건물 등 부피가 크고 고정된 명사를 세는 양사이다.

青岛是一座很美丽的城市。청도는 아주 아름다운 도시이다.
Qīngdǎo shì yí zuò hěn měilì de chéngshì.

泰山是一座中国最有名的山。태산은 중국에서 가장 유명한 산이다.
Tàishān shì yí zuò Zhōngguó zuì yǒumíng de shān.

6 公园的右边有一个大花园，花园里有很多花。

Gōngyuán de yòubiān yǒu yí ge dà huāyuán, huāyuán li yǒu hěn duō huā.

'장소 + 里 + 有 + 很多 + 명사'라는 표현은 '…에 많은 …이 있다'는 의미를 나타낸다.

果园里有很多水果。과수원에는 많은 과일이 있다.
Guǒyuán li yǒu hěn duō shuǐguǒ.

图书馆里有很多图书。도서관에는 많은 도서가 있다.
Túshūguǎn li yǒu hěn duō túshū.

7 公园的左边是一片大草地。

Gōngyuán de zuǒbiān shì yí piàn dà cǎodì.

片은 수면이나 대지 등을 셀 때 사용하는 양사이다. 나뭇잎 등을 셀 때도 이 양사를 사용한다.

小溪边有一片大草地。 시냇가에 커다란 풀밭이 있다.
Xiǎoxī biān yǒu yí piàn qīng cǎodì.

枫叶一片一片地掉下来了。 단풍잎이 한 잎 한 잎 떨어지기 시작했다.
Fēngyè yí piàn yí piàn de diàoxiàlai le.

8 这里的风景很美。

Zhèlǐ de fēngjǐng hěn měi.

형용사 美는 '예쁘다', '아름답다'는 의미로 '好看', '美丽 měilì', '漂亮 piàoliang' 등과 같은 의미이다.

新疆的风景太美了。 신장의 풍경은 너무 아름답다.
Xīnjiāng de fēng jǐng tài měi le.

上海的夜景很美。 상하이의 야경은 아주 아름답다.
Shànghǎi de yèjǐng hěn měi.

깊게 공부하기

1

公园 gōngyuán — 공원

一个公园 yí ge gōngyuán — 하나의 공원

有一个公园 yǒu yí ge gōngyuán — 공원이 하나 있습니다

旁边有一个公园 pángbiān yǒu yí ge gōngyuán — 옆에 공원이 하나 있습니다

家旁边有一个公园 pángbiān yǒu yí ge gōngyuán — 집 옆에 공원이 하나 있습니다

我们家旁边有一个公园。 Wǒmen jiā pángbiān yǒu yí ge gōngyuán. — 우리 집 옆에 공원이 하나 있습니다.

2

小山 xiǎo shān — 작은 산

一座小山 yí zuò xiǎo shān — 하나의 작은 산

有一座小山 yǒu yí zuò xiǎo shān — 작은 산이 하나 있습니다

后边有一座小山 hòubiān yǒu yí zuò xiǎo shān — 뒤에 작은 산이 하나 있습니다

公园的后边有一座小山。 Gōngyuán de hòubiān yǒu yí zuò xiǎo shān. — 공원의 뒤에 작은 산이 하나 있습니다.

3

草地 cǎodì 풀밭

大草地 dà cǎodì 큰 풀밭

一片大草地 yí piàn dà cǎodì 하나의 큰 풀밭

是一片大草地 shì yí piàn dà cǎodì 큰 풀밭이 하나 있습니다

左边是一片大草地 zuǒbiān shì yí piàn dà cǎodì 왼쪽에 큰 풀밭이 하나 있습니다

公园的左边是一片大草地。 Gōngyuán de zuǒbiān shì yí piàn dà cǎodì. 공원의 왼쪽에 큰 풀밭이 하나 있습니다.

4

美 měi 아름답다

很美 hěn měi 아주 아름답습니다

风景很美 fēngjǐng hěn měi 풍경이 아주 아름답습니다

这里的风景很美。 Zhè li de fēngjǐng hěn měi. 이곳의 풍경이 아주 아름답습니다.

넓게 공부하기

1 ______我们全家人都去______玩儿。

______ wǒmen quánjiārén dōu qù ______ wánr.

______마다 우리 온 가족은 ______에 놀러 갑니다.

每个周末(매주 주말)

měi ge zhōumò

公园(공원)

gōngyuán

每个星期(매주)

měi ge xīngqī

游乐场(유원지)

yóulèchǎng

每个月(매 월)

měi ge yuè

老家(고향집)

lǎojiā

每年(매년)

mi nián

中国(중국)

Zh ngguó

2 公园的______有一个______。

Gōngyuán de ______ yǒu yí ge ______.

공원 ______는 ______이(가) 있습니다.

后面(뒤)

hòumiàn

教会(교회)

jiāohuì

里面(안)

lǐmiàn

雕塑(조각)

diāosù

外面(밖)

wàimiàn

停车场(주차장)

tíngchēchǎng

간체자 쓰기연습

乐 lè	乐	乐	乐	乐
场 chǎng	场	场	场	场
树 shù	树	树	树	树
叶 yè	叶	叶	叶	叶
船 chuán	船	船	船	船
辆 liàng	辆	辆	辆	辆

연습문제

1 다음 문장 중 밑줄 친 한자의 올바른 한어병음은?

> 每个星期天我们<u>全家人</u>都去那儿玩。

① quānjiārén

② quánjiārén

③ quǎnjiārén

④ quánjiàrén

2 다음 문장의 괄호 안에 알맞은 단어는?

> 每个人(　　)知道他很聪明。

① 也　② 和　③ 常常　④ 都

3 다음 문장의 밑줄 친 단어와 바꿔 쓸 수 있는 것은?

> 公园的前面是湖。

① 也　② 有　③ 就　④ 的

4 다음 밑줄 친 동사 쓰임이 나머지 셋과 다른 것은?

① 公园的右边有一个大花园。

② 我们家旁边有一个公园。

③ 公园的左边是大草地。

④ 北京是中华人民共和国的首都。

5 다음 한자의 간체자가 잘못 연결된 것은?

① 樂 → 乐

② 揚 → 场

③ 樹 → 树

④ 葉 → 叶

第13课

복습(2)

학습 목표

1. 여러 가지 문장형식을 이해하고 비교
2. 여러 가지 부사어의 의미와 기능 비교
3. 존재를 표현하는 동사의 의미와 기능 비교

학습 내용

1. 여러 가지 중국어 조동의 용법 복습
2. 중국어 시간의 표현의 시제기능과 동태조사 기능 복습
3. 중국어 부사 기능복습
4. 존재를 표현하는 방법 복습

본문

1 조동사

1) 要

조동사 要는 '마땅히 …해야한다'는 의미를 나타낸다. 부정을 할 때는 '不要'라고 하며 '금지'나 '저지' 등을 나타낸다.

星期天我要去学校。 일요일에 나는 학교에 가야 한다.
Xīngqītiān wǒ yào qù xuéxiào.

明天我要参加期末考试。 나는 내일 기말고사를 봐야 한다.
Míngtiān wǒ yào cānjiā qīmò kǎoshì.

不要乱花钱。 돈을 함부로 쓰지 마라.
Bú yào luàn huā qián.

不要随便说“随便”。 “마음대로”라고 함부로 말하지 마라.
Bú yào suíbiàn shuō “suíbiàn”.

2) 想

조동사 '想'은 '…하고 싶다', '…하려 하다'는 의미를 나타낸다. 想 앞에 부사를 써서 수식할 수 있다.

我想当汉语老师。 나는 중국어 선생님이 되고 싶다.
Wǒ xiǎng dāng Hànyǔ lǎoshī.

她很想去非洲。 그녀는 아프리카에 꼭 가고 싶어한다.
Tā hěn xiǎng qù Fēizhōu.

我非常想知道它的意思。 나는 그것의 의미를 너무 알고 싶다.
Wǒ fēicháng xiǎng zhīdao tā de yìsi.

3) 应该

조동사 应该는 '(도리상) 마땅히…해야 한다'는 의미를 나타낸다.

学生应该努力学习。 학생은 당연히 열심히 공부해야 한다.
Xuéshēng yīnggāi nǔlì xuéxí.

这本书是大学生应该看的书。 이 책은 대학생이 당연히 읽어야 할 책이다.
Zhè běn shū shì dàxuéshēng yīnggāi kàn de shū.

4) 打算

'打算 + 동사'는 '…할 예정이다', '…할 계획이다'는 의미를 나타낸다.

今年我打算买房。 올해 나는 집을 살 계획이다.
Jīnnián wǒ dǎsuàn mǎi fáng.

我打算戒烟了! 나는 담배를 끊을 작정이다!
Wǒ dǎsuàn jièyān le!

我打算买这个东西,你觉得怎么样? 난 이 물건을 살 건데, 네가 보기에 어때?
Wǒ dǎsuàn mǎi zhè ge dōngxi, nǐ jué de zěnmeyang?

2 '是…的'의 강조 구문형식

중국어에서 '是…的'의 형식을 써서 여러 가지를 강조할 수 있다.

这个东西是我爸爸买的。 이 물건은 아빠가 산 것이다. (동작의 주체)
Zhè ge dōngxi shì wǒ bàba mǎi de.

他是从哪里来的? 그는 어디에서 왔니? (장소)
Tā shì cóng nǎli lái de?

他们是昨天来的。그들은 어제 왔다.(시간)
Tāmen shì zuótiān lái de.

我们是坐飞机来的。우리들은 비행기를 타고 왔다.(방법)
Wǒmen shì zuò fēijī lái de.

3 시간의 표현

중국어에서 시간을 표현하는 시간사는 주어의 앞이나 뒤에 놓이며, 시간사의 의미에 따라 시제가 결정된다.

昨天晚上他们回中国了。어제 저녁 그들은 중국으로 돌아갔다.
Zuótiān wǎnshang tāmen huí Zhōngguó le.

前天咱们去看电影了。그저께 우리들은 영화를 보러 갔었다.
Qiántiān zánmen qù kàn diànyǐng le.

她们后天去日本旅行。그 여자들은 모레 일본으로 여행을 간다.
Tāmen hòutiān qù Rìběn lǚxíng.

4 여러 가지 부사어의 기능

1) 非常

非常은 '아주', '대단히', '몹시'라는 의미로 '정도'를 나타낸다.

听了那句话，爸爸非常生气。그 말을 듣고 아빠는 몹시 화를 내었다.
Tīng le nà jù huà, bàba fēicháng shēngqì.

老师非常重视学生的意见。선생님은 학생들의 의견을 아주 중시한다.
Lǎoshī fēicháng zhòngshì xuéshēng de yìjiàn.

2) 总是

总是는 '늘', '언제나', '줄곧' 이라는 의미로 빈도를 나타낸다.

她说话的时候，总是那么快。그녀는 말할 때 늘 그렇게 빠르다.
Tā shuōhuà de shíhou, zǒngshì nàme kuài.

他总是不听我的话。그는 항상 내 말을 듣지 않는다.
Tā zǒngshì bù tīng wǒ de huà.

每次考试，他总是倒数第一名。매 번 시험에서 그는 항상 꼴찌에서 1등이다.
Měi cì kǎoshì, tā zǒngshì dào shǔ dì yì míng.

3) 跟…一起

'跟…一起'는 '…와 함께'라는 의미의 부사어를 이루며, '방법'을 나타낸다. '和…一起'와 같은 의미이다.

我跟老师一起去吃饭。나는 선생님과 함께 밥 먹으러 간다.
Wǒ gēn lǎoshī yìqǐ qù chīfàn.

他和爱人一起去买东西。그는 아내와 함께 물건을 사러 간다.
Tā hé àirén yìqǐ qù mǎi dōngxi.

我跟中国朋友一起去民俗村。나는 중국친구와 함께 민속촌에 간다.
Wǒ gēn Zhōngguó péngyou yìqǐ qù mínsúcūn.

4) 부사어를 만드는 조사 地

형용사, 동사, 명사 등에 조사 地를 붙이면 부사어가 되어 동사를 수식해 준다.

他高兴地笑了。그는 기쁘게 웃었다.
Tā gāoxìng de xiào le.

今天雪不停地下。오늘 눈이 끊임없이 내린다.
Jīntiān xuě bùtíng de xià.

5 존재를 나타내는 동사 是와 有

동사 是와 有는 존재를 표현하기도 한다.

桌子的下边是一只小狗。 테이블 아래에 강아지 한 마리가 있다.
Zhuōzi de xiàbiān shì yì zhī xiǎo gǒu.

公司的旁边有一个书店。 회사 옆에는 서점이 하나 있다.
Gōngsī de pángbiān yǒu yí ge shūdiàn.

床的上边有妹妹的娃娃。 침대 위에는 여동생의 인형이 있다.
Chuáng de shàngbiān yǒu mèimei de wáwa.

6 동태조사 了

'동사 + 了'는 동작의 완료를 나타낸다.

他们已经吃了中餐。 그들은 이미 점심을 먹었다.
Tāmen yǐjīng chī le zhōngcān.

她吃了早餐就上班了。 그녀는 아침을 먹고 바로 출근했다.
Tā chī le zǎocān jiù shàngbān le.

연습문제

1 다음 밑줄 친 단어의 쓰임이 다른 것은?

① 我结婚十年了。

② 我们吃了妈妈做的点心。

③ 我听了明天的天气预报。

④ 她丢了护照，所以不能坐飞机。

2 다음 밑줄 친 的의 쓰임이 다른 것은?

① 这本词典是新的。

② 他是从美国来的吗。

③ 我们是昨天来的。

④ 我们是坐飞机来的。

3 다음 괄호 안에 알맞은 단어는?

路很滑，大家(　　)小心。

① 要　② 打算　③ 想　④ 会

4 다음 괄호 안에 어울리지 않는 단어는?

那是(　　　)发生的事。

① 经常　　② 常常

③ 总是　　④ 非常

5 다음 괄호 안에 알맞은 단어는?

今天雪不停(　　　)下。

① 的

② 地

③ 得

부록

- 본문해석
- 연습문제 정답

第1课 我是大学生

나는 대학생입니다.
나는 중국어를 배웁니다.
나는 룸메이트가 있는데, 그의 이름은 안중식이라고 합니다.
그는 나의 학우입니다.
우리는 좋은 친구입니다.
우리들의 중국어 선생님은 여자 선생님인데, 그녀는 베이징 사람입니다.

第2课 我家有五口人

우리 집에는 다섯 명이 있습니다.
아빠, 엄마, 언니, 여동생 그리고 내가 있습니다.
나는 오빠가 없고, 또 남동생도 없습니다.
아빠는 대학교수이고, 엄마는 가정주부입니다.
언니는 회사직원입니다.
여동생은 고등학교에 다니는데, 그녀는 좋은 친구들이 많습니다.
나는 아주 행복한 가정이 있습니다.

第3课 韩国的天气很好

한국 날씨는 좋습니다.
봄은 아주 따뜻하고 꽃들이 모두 피어납니다.
여름은 몹시 더워서 많은 사람이 바닷가로 놀러 갑니다.

가을 날씨는 특히 좋아 춥지도 않고 또 덥지도 않으며, 맛있는 과일이 많이 있습니다.
겨울은 몹시 추운데, 어떤 때에는 눈이 내리고, 바람도 세게 붑니다.

第4课 我哥哥身体很好

우리 형은 아주 건강합니다.
그는 체중이 73kg이고, 신장은 1m 80cm입니다.
우리 누나도 키가 큰데, 1m 70cm입니다.
나는 키가 제일 작아서 겨우 1m 65cm이지만, 내가 체중이 제일 무거워서 75kg입니다.

第5课 我七点起床

나는 매일 7시에 일어납니다.
일어난 후에 먼저 세수를 하고 다시 양치질합니다.
나는 7시 반에 아침밥을 먹습니다.
아버지께서는 8시에 출근하시고, 나와 누나는 8시 15분에 등교합니다.
나와 아빠는 운동을 아주 좋아합니다.
엄마와 누나는 산책을 아주 좋아합니다.
그녀들은 매일 저녁 공원으로 산책하러 갑니다.

第6课 他教我们汉语

우리들의 선생님은 장선생님입니다.
그분은 우리에게 중국어를 가르칩니다.
우리들은 항상 그분에게 많은 문제를 질문합니다.
그분은 매주마다 우리에게 중국어 책을 빌려 주시는데, 우리들은 그분께 아주 감사 드립니다.
내일은 그분의 생일입니다.
수업이 끝난 후, 우리들은 물건을 사러 백화점에 가려고 합니다.
왜냐하면 우리들은 그분에게 생일선물을 하려고 하기 때문입니다.

第8课 我想见我的朋友

나는 회사 직원으로 현재 여행사에서 일하고 있다.
나는 이미 이 회사에서 5년째 일을 하고 있다.
나는 항상 외국으로 출장을 가야 한다.
이번 주에 나는 홍콩과 상하이에 가야 한다.
나는 먼저 홍콩에 가서 사흘간 머물다가 다시 상하이로 가서 나흘을 머물 예정이다.
상하이에 갔을 때, 나는 나의 중국 친구를 만나고 싶다.

第9课 这是我的词典

이것은 나의 중한사전입니다.

이 사전은 새것입니다.

이것은 아빠가 내게 사준 것입니다.

내가 중국어를 공부할 때, 사전은 아주 유용한 물건입니다.

사전 옆에는 누나의 책가방이 있습니다.

그것은 엄마가 그녀에게 사준 것입니다.

그 책가방은 빨간색이지 파란색이 아닙니다.

여동생은 그것을 아주 좋아합니다.

第10课 我们全家一起去公园了

어제 우리 가족은 함께 공원에 갔다.

거기에는 많은 사람이 있었다.

어떤 사람은 산책을 하고 어떤 사람은 운동했다.

나는 형과 함께 농구를 했고, 아빠는 엄마와 함께 배드민턴을 했다.

집으로 돌아온 후, 우리는 엄마가 만든 간식을 먹었다.

第11课 我们很感谢他

왕 선생님께서는 우리들의 중국어 선생님이시다.

그분은 매일 아주 친절하게 우리에게 중국어를 가르치신다.

그분은 중국어를 배울 때는 많이 듣고, 많이 말하고, 많이 읽고, 많이 써야 한다고 말씀하신다.

우리는 왕 선생님의 의견에 아주 동의를 해서 매일 열심히 공부한다.

그분은 항상 성실하게 우리를 도와주신다.

우리는 그분께 아주 감사해 한다.

第12课 我们家旁边有一个公园

우리 집 옆에 공원이 있다.

일요일마다 우리 온 가족은 그곳으로 놀러 간다.

공원의 앞에는 호수가 있다.

호수 안에는 많은 작은 배가 있다.

공원의 뒤쪽에는 작은 산이 있는데, 산에는 많은 나무가 있다.

공원의 오른쪽에는 큰 꽃밭이 있는데, 꽃밭에는 많은 꽃이 있다.

공원의 왼쪽에는 큰 풀밭이다.

이곳의 풍경은 아주 아름답다.

연습문제 정답

第1课 我是大学生

1. ② 2. ② 3. ② 4. ③ 5. ④

第2课 我家有五口人

1. ① 2. ② 3. ④ 4. ① 5. ③

第3课 韩国的天气很好

1. ② 2. ① 3. ② 4. ② 5. ②

第4课 我哥哥身体很好

1. ② 2. ④ 3. ② 4. ① 5. ②

第5课 我七点起床

1. ② 2. ① 3. ④ 4. ④ 5. ④

第6课 他教我们汉语

1. ① 2. ④ 3. ③ 4. ④ 5. ③

第7课 복습(1)

1. ④ 2. ④ 3. ④ 4. ③ 5. ④

第8课 我想见我的朋友

1. ② 2. ④ 3. ③ 4. ④ 5. ④

第9课 这是我的词典

1. ① 2. ④ 3. ① 4. ① 5. ③

第10课 我们全家一起去公园了

1. ③ 2. ① 3. ④ 4. ④ 5. ④

第11课 我们很感谢他

1. ② 2. ④ 3. ① 4. ② 5. ①

第12课 我们家旁边有一个公园

1. ② 2. ④ 3. ② 4. ④ 5. ④

第13课 복습(2)

1. ① 2. ① 3. ① 4. ④ 5. ②

초급 중국어 강독

개정판 인쇄 2017년 2월 17일
개정판 발행 2017년 2월 25일

지은이 원종민
발행인 김인철
총괄 · 기획 가정준 Director, University Knowledge Press
편집장 신선호 Executive Knowledge Contents Creator
도서편집 김민정 Contents Creator
전자책편집 최인우 Chief e-Contents Creator
재무관리 김은혜 Managing Creator
마케팅 파트장 백승이 Chief Marketing Creator
마케팅 박종원 Marketing Creator
발행처 한국외국어대학교 지식출판원
02450 서울특별시 동대문구 이문로 107
전화 02)2173-2493~7
팩스 02)2173-3363
홈페이지 http://press.hufs.ac.kr
전자우편 press@hufs.ac.kr
출판등록 제6-6호(1969. 4. 30)
디자인 · 편집 디자인퍼브 02)2254-4308
인쇄 · 제본 (주)에스제이씨성진 031)955-8800

ISBN 979-11-5901-167-2 13720 정가 17,000원

*잘못된 책은 교환하여 드립니다.

HUiNE은 한국외국어대학교 지식출판원의 어학도서, 사회과학도서, 지역학 도서 Sub Brand이다. 한국외대의 영문명인 HUFS, 현명한 국제전문가 양성(International +Intelligent)의 의미를 담고 있으며, 휴인(携引)의 뜻인 '이끌다, 끌고 나가다'라는 의미처럼 출판계를 이끄는 리더로서, 혁신의 이미지를 담고 있다.

이 책의 음원(mp3)은 한국외국어대학교 지식출판원 홈페이지(press.hufs.ac.kr) - 게시판 - 자료실에서 다운받아 사용하시기 바랍니다.